DIRECTIONS

When searching for the hidden words in this puzzle book they can be found in the following directions. Horizontal, Vertical and Diagonal.

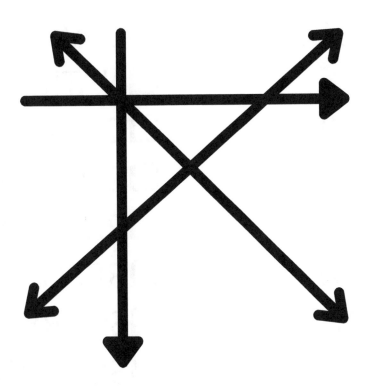

You will find words that will cross over each other and will share the same letters. Once you find a hidden word, circle it or use a highlighter, then check it off the word list.

If for some reason you are unable to locate a word, the **solutions to each puzzle can be found in the back of the book** . Each solution is marked with the puzzle number.

KEEP YOUR FACE TO THE SUNSHINE AND YOU CANNOT SEE A SHADOW. - HELEN KELLER

- ❑ ACKNOWLEDGMENT
- ❑ ADORN
- ❑ BOUNTIFUL
- ❑ BURGEON
- ❑ CHARMING
- ❑ COLLUSION
- ❑ COMMON
- ❑ COMPLACENCY
- ❑ DECLAMATION
- ❑ ILLUMINATE
- ❑ INTEREST
- ❑ KID
- ❑ LOVING
- ❑ NATIONHOOD
- ❑ ONSET
- ❑ ORDAIN
- ❑ PRESERVATION
- ❑ REPLETE
- ❑ SCORE
- ❑ SELF KINDNESS
- ❑ SIMPLIFY
- ❑ SPARSE
- ❑ SURFACE
- ❑ WELL

INSPIRATIONAL JUMBO WORD SEARCH FOR SENIORS

**SIGHT SAVER
LARGE 30 PT FONT**

61 POSITIVE AND MOTIVATIONAL EXTRA LARGE PRINT PUZZLES FOR OLDER ADULTS

Mind VibZ

```
B Q Y D C P T X C A F M K D U B F F
O B X S E O U P J Y F C W O Y V G E
X R W I V C M B U R G E O N W V K E
K O D N H J L P O T K E A D O R N D
N T S T G B B A L F C H A R M I N G
A O G E U W B F M A W E L L R T N E
T N B R L M G E X A C A Y N R M U E
I S S E T F P M P V T E O W Y H S L
O E V S N U K L B O O I N M S F P C
N T J T L O V I N G T F O C N Q T S
H H F H Y H I M N A V P P N Y N I I
O F C J K E F X V D D A O C E M C M
O K A Z A G B R M I N I Z M F Z O P
D Q X B B H E J U W E E G U L D L L
P I S Y P S Y H P C T D S E K B L I
D L U P E N G O A Y E N T S W O U F
R L W R A N G F G L C S W S F U S Y
E U P G A R R A W C W C C U S N I J
P M V B Z U S O O K B O P P M T O O
L I I F S A N E F I V R K I D I N P
E N B Z P K T S D V T E V I W F Z G
T A R B C F S S P O R D A I N U F E
I E T Y A D C Q S S Q Y E B H W L T X
U E F F Y Y W R N R C O M M O N K H K
```

EVEN A MISTAKE MAY TURN OUT TO BE THE ONE THING NECESSARY TO A WORTHWHILE ACHIEVEMENT. – HENRY FORD

- ❏ ACUMEN
- ❏ ADJOINING
- ❏ ANIMATE
- ❏ BELOVED
- ❏ CONSTRUCT
- ❏ DEBONAIR
- ❏ DECORATION
- ❏ EASY
- ❏ ELASTIC
- ❏ EXPERT
- ❏ IMMUNITY
- ❏ INVULNERABLE
- ❏ JOKE
- ❏ LAVISH
- ❏ POTENTIAL
- ❏ RATIONAL
- ❏ RELAX
- ❏ ROMANTIC
- ❏ SAGACIOUS
- ❏ SUBSEQUENT
- ❏ SUSTAIN
- ❏ TRANSFORM
- ❏ UNDERSTANDING
- ❏ WELCOMING

```
O Y Y L W E X P E R T L F X F M S L
V X V R E P D C P E T J E H V J T R
D G K T L L E P G M Z J R S N F A J
C S Z V C Q C P I G N D N Y S V L G
A F U O O J O N T N G Z F Q G A N T
D B A G M O R O M A N T I C N I D V
J S S F I K A X C Z Y V R O D Q G H
O E U S N E T L G X J E I N U Z S T
I L B S G I I V G J L T A H A I L V
N A S R T D O B C B A T Y S V W R W
I S E E V A N O A R S N A A G Q B T
N T Q L U Z I R I R Q U L J Y C F K
G I U A H I E N E D E B O N A I R S
X C E X X N K D T T J X F T A W N A
O E N T L S N Y L M S C P K C A G G
S S T U R U X A P A C S D C Y N M A
H F V A D A I J W G B E L O V E D C
S N P B N L L C K X F C X J P E I
I U M Z N I O S I M M U N I T Y I O
Q F T E H Y M L F K D F D R R W G U
H I T V S I O A Q O U M L I E R W S
X O X A D J P T T H R Q B C I R M P
P W E K Y T T U W E G M A C U M E N
O C Q H V T Z B C O N S T R U C T K
```

IT'S A WONDERFUL THING TO BE OPTIMISTIC. IT KEEPS YOU HEALTHY AND IT KEEPS YOU RESILIENT. - DANIEL KAHNEMAN

- ❑ ACHIEVEMENT
- ❑ ACTIVE
- ❑ AGREEMENT
- ❑ ALLIANCE
- ❑ ANIMATED
- ❑ ASSERT
- ❑ CHIEF
- ❑ CONSCIENTIOUS
- ❑ CONTENTMENT
- ❑ DECLARE
- ❑ EMBELLISH
- ❑ FEATURE
- ❑ GESTURE
- ❑ INHERENT
- ❑ OUTLOOK
- ❑ PERPETUAL
- ❑ POSITIVE
- ❑ PRACTICAL
- ❑ SOULFUL
- ❑ SPECIAL
- ❑ STEADFAST
- ❑ STEADY
- ❑ UNCOVERED
- ❑ YEARNING

```
U Y E M B E L L I S H K A C T I V E
F O Q B Y F S T E A D F A S T J P V
Z R J T J A U R Q R S X S E Y S O F
I W F U N R A W E H L U U X R U S W
N W G Y D T L N L A O D E C L A R E
A L T C W A T A C I T B G Y D D R F
X N B D I S U I T X M G L U T Q Z E
V W I C I T T N J F B U M N H U G A
C W E M E C E Q K L F X E D E K A T
Z P U P A I X O F L J M P Z C T Y U
S W R R C T B K U Q T R E O R J D R
J E P S J O E O C N R R L E S E M E
P I N W X X S D E W U I S G R S A X
H O U A B V N T R T S S Y E B T C J
C A Q L S Y N G S J A K V H C E H H
Z C R L U O A E Y M W O H T I A I P
C T L I C V G I Y E C X K B S D E O
C J Y A W D R Z N N A G H Z D Y V S
H H G N G G E R U H R M U S O E I
I Q W C Q V E Z B E E X N X M Y M T
E I Y E H I M A L I M R W I K P E I
F E X L O X E C T S N D E Q N N V C
C D A K S B N Q J X A M N N H G T E
C Z N C O U T L O O K J Q S T E H K
```

FIND A PLACE INSIDE WHERE THERE'S JOY, AND THE JOY WILL BURN OUT THE PAIN.- JOSEPH CAMPBELL

- ❏ ACTION
- ❏ BOUNTY
- ❏ COMPASSIONATE
- ❏ COMPELLING
- ❏ ENERGETICALLY
- ❏ FAMILIAR
- ❏ GUIDE
- ❏ INCESSANTLY
- ❏ INNOVATION
- ❏ KNOCKOUT
- ❏ LEGACY
- ❏ MATCHLESS
- ❏ MIRACLE
- ❏ NIBBLE
- ❏ OUTMANEUVER
- ❏ PARTNER
- ❏ PREEMINENT
- ❏ READY
- ❏ REASON
- ❏ RECOVER
- ❏ STRENUOUSLY
- ❏ TAKES INITIATIVE
- ❏ TIRELESSLY
- ❏ VIGILANT

```
U W D E X K M A T C H L E S S G E V
Z Q C K N O C K O U T G R Y R E G J
N I B K V P V N K G C Q L I P N T D
S I N N O V A T I O N T N N I I Z E
W D B L E G A C Y E N Z J L B L B U
R F T B Y V N G Q A M N L A W Y O U
E J C C L N P U S G O E E S L I U I
A N O P T E L S Y I P O E L D S N O
D L M A K M E T T M P G A J P D T U
Y K P C P C H C O N Y C D T T X Y T
X E A V N R A C O V I P E D I F E M
Z W S I I B E S T T U L D E R N A A
A O S R A G A E E H C J P M E J U N
A Q I G C E I G M A K S G D L Z S E
X R O U R N R L R I U O P K E G B U
O E N I G E T I A W N J O N S E R V
I C A D N B M P K N F E N X S J J E
H O T E S X X V T Z T P N V L U C R
M V E D W G L E B X Q P B T Y L Q N
A E S T A K E S I N I T I A T I V E
S R K K U C C P A R T N E R A L T I
J A H Z A O S T R E N U O U S L Y F
I F A M I L I A R M D K W F I I S Y
X Z A L C F X N A G F U S I P G Y A
```

TRUST IN DREAMS, FOR IN THEM IS HIDDEN THE GATE TO ETERNITY.- KHALIL GIBRAN

- ☐ ACCOMPLISH
- ☐ ACHIEVE
- ☐ AGREE
- ☐ CANNY
- ☐ CLEMENT
- ☐ COLOSSAL
- ☐ CREDIT
- ☐ DEVELOP
- ☐ ECSTASY
- ☐ ENDEAVOR
- ☐ ENRICH
- ☐ FAMILY
- ☐ FRESH
- ☐ HARVEST
- ☐ HEAP
- ☐ HINT
- ☐ INITIATE
- ☐ KEEPSAKE
- ☐ PRINCIPAL
- ☐ SANCTION
- ☐ STEAMBATH
- ☐ STRONGHOLD
- ☐ SUAVE
- ☐ TOUCHING

```
S R M J J X B A H W H M J C F B M P
P F M G I C L X T C S A N C T I O N
Z P B G A W Y S B Z S E G J T L T Y
A C C O M P L I S H E J G K E I W H
O K F U B P S I I R P I A V D Y U D
K E E P S A K E G T J Y E X Q F N
O Y L K F T L A F I B D R Z L K K E
N H M V H I N T B N I C Y A X K M N
G Z B M P J I H Z W Y N S U H I M R
E A H A R V E S T B N S I E P L P I
F K C J P T Y X X A O K Z T U J P C
R O U X R L O R C L U V Z S I Q N H
E U K Q I T O U O O S F O O U A R Q
S A G M M V Q C C E O H A Z D A T V
H Q A N A Q H B L H R Y I P K K V E
B F V E W A Q A H Z I Z Z A S Z Z E
O Z D T L Z P E B H I N I J O C Q C
E N G K C I M V W W M N G V D L W L
E O V M C B W F Z G R U B N U B C E
O O J N W S T R O N G H O L D X V M
O G I P K B J H K H H O A N A P O J E
T R B N B B P A C H I E V E M E G N
P K S T E A M B A T H W A M G S U T
K D Y T T A E C S T A S Y H E A P Z
```

SOME PEOPLE LOOK FOR A BEAUTIFUL PLACE. OTHERS MAKE A PLACE BEAUTIFUL.- HAZRAT INAYAT KHAN

- ❏ AVAILABLE
- ❏ BID
- ❏ BIG VISION
- ❏ BLOSSOM
- ❏ BONA FIDE
- ❏ BOUNDLESS
- ❏ CALM
- ❏ DELICIOUS
- ❏ ENDEARING
- ❏ ENTHUSIAST
- ❏ EQUALITY
- ❏ GAIN

- ❏ HANDILY
- ❏ HARMLESS
- ❏ IMPARTIALITY
- ❏ INDULGE
- ❏ LOVE
- ❏ MUSICAL
- ❏ NOURISHING
- ❏ NUMINOUS
- ❏ POISE
- ❏ SOAKING
- ❏ STUNNING
- ❏ UNYIELDING

```
P E Q L X M N U M I N O U S J E X S
Q A M E F H H L G X O Q D E W I O T
I H K N U P Q L O L Q I R E A N O U
M A K D T O B O X W B J E D Y I X N
S R C E D N O U R I S H I N G Y Q N
B M N A E B A K B Z R H Y D W J Q I
R L V R A Z I U W P W I E R H V I N
F E H I V L P G P S O A K I N G Y G
Q S C N H J G J V J K A X M Y T E C
N S J G C A I A S I O J O T I N N A
P E T B O U N D L E S S F L U D T D
E C A I H C Z D I F S I A E E T H O
Q W F C A L M E I O U I O G I G U Y
U L D M N X D R L L T M L N N I S C
A N R M Z I E B V R Y U E I V A I P
L E B O F A S G A C D V D O G D A Y
I F L A E V A P X N O L R H Z E S U
T E N W G A M J I L E J V P U L T N
Y O R Q A I C X K I V S I N A I W M
B Q W E I L T P Y X V E U C K C A F
T C C F N A H N L E Q U I P O I S E
S A J K J B U P S C K S J G O O H Z
Q G F C F Z V H T V Y U C U H N U V
X L S Z C E Q L Z M A D U Z B S J N
```

*PERPETUAL OPTIMISM IS A FORCE
MULTIPLIER.- COLIN POWELL*

- ☐ ACCEPTANCE
- ☐ AFFECTION
- ☐ ASSURED
- ☐ BLISSFULNESS
- ☐ COHORT
- ☐ ELECT
- ☐ HALLMARK
- ☐ KNACK
- ☐ MOTIVATIONAL
- ☐ OUTSMART
- ☐ OVERCOME
- ☐ PENSIVE
- ☐ RESOLUTION
- ☐ RESOURCEFUL
- ☐ RESPONSIBLE
- ☐ SATE
- ☐ SAVVY
- ☐ SPOTLESS
- ☐ STIR
- ☐ STUPENDOUS
- ☐ TRANSFORMING
- ☐ TRIUMPHANT
- ☐ UNSELFISH
- ☐ XANADU

```
Y W D D S A P C O H O R T O S I Q N
B R X O S T I R B U N S E L F I S H
T F T N R R J N B V S P O T L E S S
D R W Q W E E V S T U P E N D O U S
O X A U X O S A T Q X U G E X X F Y
M O B N K L R O Z M K D M G M R J K
Y O T I S W P R U J U O V K Y E H S
A U D F B F P X A R C U J N L S J U
M T P J T P O E E R C N P A I P H F
S S A R N I B R E L E E B C O O Z L
M M A S T F S V M E E H F K H N R W
O A D A P S O D P I Q C D U P S T I
T R D V W J E O U G N A T F L I Q W
I T U V C R T H Q K J G D M B B D Q
V T Z Y U S V U R P O S J F G L J R
A M Y S E A I A K G N L Q H Y E Z E
T C S Y E L M D Y P E N S I V E R S
I A V T W L Q A O Q B L T P V V F O
O C A M L B L I S S F U L N E S S L
N S L A I G A C C E P T A N C E Y U
A W H T R I U M P H A N T S E Z C T
L S I H F F H Q L I T M M K J Z D L I
E V K B T O Q X A N A D U I X T R O
D E F N U U A F F E C T I O N O V N
```

BELIEVE THAT LIFE IS WORTH LIVING AND YOUR BELIEF WILL HELP CREATE THE FACT.- WILLIAM JAMES

☐ ABSORB
☐ AUDACIOUS
☐ BEGINNING
☐ BUD
☐ CAPACITATE
☐ CHARITABLE
☐ DISCRETION
☐ ENJOY
☐ EVENTFUL
☐ GRACIOUSNESS
☐ INDISPENSABLE
☐ KEEN

☐ METTLE
☐ NOTEWORTHY
☐ OUTPUT
☐ PRODUCE
☐ PROSPEROUS
☐ QUIP
☐ RICH
☐ SKILLFULLY
☐ SMART
☐ STEAMY
☐ UNSHAKEABLE
☐ ZENITH

```
Q F P E H K Y F K I E N J O Y P P Y
B C D N F F I P R O D U C E P A R Q
U U S Y L Z Q K A E G Z A O V H I W
D N Q U J C H A R I T A B L E Z C X
C S I N D I S P E N S A B L E E H F
O H Z M H V P P W W D Q C T M N Z S
G A T U B A R U X X G U N B C I J K
P K U Y J B O K W N Q K C X F T Z I
M E T E K S S E G N P A A T W H W L
D A U I D O P E D W M E P X U K H L
I B B X G R E N N V C J A X J V Y F
S L N D P B R G K E F J C K N K C U
C E G I Q C O F U L S B I G B T H L
R G U Y M F U R Y U X E T R F J T L
E Q X I L C S K O N O G A U E B D Y
T I P K J P Z I I H L I T M T A N L
I O Y G R A C I O U S N E S S G U A
O W U D E A P D M B N N B J D F X D
N M M T D K J R E I L I M K T C U T
J L W U P J V O K E V N C N I Y R Z
L H A B W U E O I X C G E R I A D Z
S N Q M E T T L E N M V E Y M O Z T
N O T E W O R T H Y E Y E O S M V S F
E R E N U E C Z K Y S T E A M Y E K
```

THE PERSON WHO CAN BRING THE SPIRIT OF LAUGHTER INTO A ROOM IS INDEED BLESSED.- BENNETT CERF

- ❏ BELIEF
- ❏ BLESS
- ❏ CONGRATULATE
- ❏ EUPHONIC
- ❏ FANCY
- ❏ FANTASY
- ❏ GLAMOROUS
- ❏ HABITABLE
- ❏ HIP
- ❏ MUCH
- ❏ MULTIPLE
- ❏ NOURISH
- ❏ NOVELTY
- ❏ OBEDIENT
- ❏ OUTPERFORM
- ❏ POSITIVITY
- ❏ PROFER
- ❏ REFILL
- ❏ STEADINESS
- ❏ SUFFICIENT
- ❏ SWEETHEART
- ❏ TRAINING
- ❏ VOLUNTEER
- ❏ YOUNG

```
P P T M Y J X T R A I N I N G X O C
Q A E N U R S N F S K O R Z T A M V
M R E F X L T M Y A I Z X Q L G T R
K L S F X M T J F I N N R U W R A L
Q A H T A E C I Z E B T E Y A J R J
O S P H E N F C P P Y R A E C H R G
G Z J G N A C V S L F O H S S Q O T
Q U J V L A D Y G R E T U I Y S E H
T I L Q J A M I E B E I R N I I O A
F Y V J U L M E N E F U B R G L U B
X C Q C L T T O W E O Z E Y P O T I
S L Y I O N O S R N S L L W O B P T
J Y F R U N Z M O O E S I O Z E E A
Z E L L R P G U P P U V E H I D R B
R X O U G B I R Q O I S F M Y I F L
Y V I N I Y P D A C S R H K D E O E
A Y E W O J C F H T J I S J X N R D
P L B U H V R Y X I U B T H G T M T
R E N O P B E Z A W P L H I Z D N W
O M Y Z V H S L K J D J A U V U I S
F Y U X H S O Q T Z U A P T I I U Z
E W I C E T I N X Y Y H H C E X T I
R K G L H W Q P I Y J F G M S U Z Y
P R B S S U F F I C I E N T E R J S
```

OUR CHIEF WANT IS SOMEONE WHO WILL INSPIRE US TO BE WHAT WE KNOW WE COULD BE.-RALPH WALDO EMERSON

- ❑ ANOINT
- ❑ BETTER
- ❑ CHERISHED
- ❑ COURTESY
- ❑ DRAMATIC
- ❑ GRATEFUL
- ❑ HARBOR
- ❑ HOSPITABLE
- ❑ IMAGINATIVE
- ❑ IMPASSIONED
- ❑ KIN
- ❑ MAGNANIMITY

- ❑ NATURALLY
- ❑ NEW
- ❑ NOBLE
- ❑ ODYSSEY
- ❑ ORNATE
- ❑ PEACHY
- ❑ PROFICIENT
- ❑ STIMULATING
- ❑ SUCCEEDING
- ❑ SYMPATHETIC
- ❑ THRILL
- ❑ YIELD

```
M R H N W T B C W Z P J D D C Q I E
P A B K E E W N N A Q B E Y R N T Z
Q N G J M L U X E S F N H I G K H D
Q I H N N E Z X W O C B E R C Y H
P M A D A S J V X I A P L Y A T H P
J A R R O N O E S E W B X I T H E S
D G B A A E I S P R A N L A E R Y T
I I O M Y A A M Y T O M T N F I H I
N N R A C P W S I E X O C O U L W M
Y A B T M O E P V T Y V H I L L T U
O T Z I X T S G B R Y D E N I P O L
R I K C R O U Q E F N M R T N R D A
N V U U H K T T C O W I T S O Y T
A E O H P C T M X F Q Y S D U F S I
T C E T O E U Q R O O L H T C I S N
E H Z K B U W N O B L E E S C C E G
M N N A T U R A L L Y D D R E I Y R
A F K V U Y P S H R O K I N E E S T
S Y M P A T H E T I C V D G D N Z S
Y Y Y S H K A Y C Y B L J S I T C J
C G Y A F D G P B J I Z Q N N W Q Q
A O T V S Y B N V C V E M O G I S I
J I M K X E J G C V R K L A E C X W
K E B O H W K M X R E G A D G B W D
```

WHEN WE ARE NO LONGER ABLE TO CHANGE A SITUATION - WE ARE CHALLENGED TO CHANGE OURSELVES.- VIKTOR E. FRANKL

- ❑ ACCURACY
- ❑ ADORE
- ❑ ASSEMBLE
- ❑ BUDDING
- ❑ EASILY
- ❑ ELECTRIFY
- ❑ EMBLEMATIC
- ❑ ENABLE
- ❑ ETHEREAL
- ❑ FOUNDATION
- ❑ FRANKNESS
- ❑ LAUDATORY
- ❑ LIKELY
- ❑ NESTLE
- ❑ PHILANTHROPIC
- ❑ QUEST
- ❑ RAISE
- ❑ REINVIGORATE
- ❑ REST
- ❑ SINCERITY
- ❑ TEMPTING
- ❑ THRILLING
- ❑ VALIANT
- ❑ VIRTUOUS

```
A S S E M B L E B T H R I L L I N G
M S I N C E R I T Y Z O S V V M A K
E R R L F Y K V W Z G E W R J Q K B
S A E M L J A T L S X W R N Y G T I
Z Y C I T G F O V Q E K R U O X A A
J V U J N D E L E C T R I F Y J C E
A X N P M V E Z R E B K V I L W C N
E A S I L Y I T A U B U O Q D K U S
H F B A X X F G Y H O L D W Y F R D
K B H K T E G L O N K Z A D E C A E
C N D X X E A K H R C J W Y I O C R
V P F A M E M H X I A K A P K N Y U
M I L P R J E P T X T O F N Z G N N
O N R E P S B A T S Z R E P A D O O
B R H T I Z M E E I H Y B F L I T P
B T N A U E S U W T N O F R T C C V
E L R E L O Q E N L K G U A V A Z
D I B B S H U A D O R E D N S A E U
O K M D G T L S P F T N P K T L N F
R E S T M I L K X B U E M N H I A I
Q L M Q H Y K E H O W G B E U A B F
D Y S P C H D Z F Z R W M S J N L O
A S Y L A U D A T O R Y U S Q T E M
Y K K W K B P T M Q I A P D X G S S
```

LIFE IS LIKE RIDING A BICYCLE. TO KEEP YOUR BALANCE, YOU MUST KEEP MOVING. – ALBERT EINSTEIN

- ❏ ATTRACTED
- ❏ BAFFLE
- ❏ BALMY
- ❏ BANKABLE
- ❏ CALLING
- ❏ CITIZEN
- ❏ CLOSENESS
- ❏ CONTEMPORARY
- ❏ DRIVE
- ❏ GLITTER
- ❏ IMPROVEMENT
- ❏ JUSTIFIED
- ❏ LEISURE
- ❏ NOTABLY
- ❏ PERMIT
- ❏ PHENOMENON
- ❏ PHILANTHROPIST
- ❏ PLENTIFUL
- ❏ REASSURE
- ❏ RELISH
- ❏ RESPECT
- ❏ SACRIFICIAL
- ❏ UPSTANDING
- ❏ VERIFY

```
W J H S T Y R M P L E N T I F U L V
N B I C R Z J L J U S T I F I E D Q
S I T O H T I P H S W K U Y G P N C
O T M N P X O P H W I N O L F B O A
L L C T J H L G S E J F A K U A T L
M E X E L U I O K G N I Z R G L A L
K I Q M V V V L O R C O D F L Q B I
C S C P E W U F A I F C M L Y M L N
L U L O R D W S F N S I I E O U Y G
O R V R I C C I I K T X M G N P L H
S E B A F F R J V G Z H P E Q O K Q
E W A R Y C S J H E U W R F G V N Q
N R F Y A E B N V O C Q O O U A D N
E M F S W E E I Y I L Z V H P A P A
S I L P J Z R Y F T D G E Y I I B I
S H E W I D P E R M I T M U F S S Q
P N A T T R A C T E D P E R W A O T
C V I F C N G J N Y V F N W G V Z A
J C V A B A N K A B L E T W K H O K
V H S B A L M Y O R E L I S H V R L
M R E S P E C T R E A S S U R E W X
U P S T A N D I N G U Z E O W C L S
N M T V X F G L I T T E R B T T E I
D Z M M F R V D W W R U G Y R X U U
```

LET THE BEAUTY OF WHAT YOU LOVE BE WHAT YOU DO. – RUMI

- ❑ AMPLE
- ❑ CALMING
- ❑ CONFIDANT
- ❑ COOPERATIVELY
- ❑ CULTIVATE
- ❑ ELEGANCE
- ❑ EXPERIENCE
- ❑ FOSTER
- ❑ IDEALIST
- ❑ IMPRESS
- ❑ INCREASE
- ❑ INSTRUCTION
- ❑ IRIDESCENT
- ❑ JUDICIOUS
- ❑ JUXTAPOSE
- ❑ NOW
- ❑ OODLES
- ❑ OPTIMISM
- ❑ OPTIMIST
- ❑ ORGANIZED
- ❑ PREDICTABLE
- ❑ RENEW
- ❑ SUNNY
- ❑ VIGOROUS

```
M V O N Y V E V H R H B Y F E L I W
X D N Q O X C M C Y G R N S W U N A
L G O O J R Z A D W P K O P C E S H
U P W O U S G U L E L P U D O L T R
F R M D D D A A O M A B I U O E R W
L E N L I B R I N T I W J A P G U M
T D L E C B T M X I E N E M E A C V
I I K S I T N U K N Z E G A R N T K
M C C R O P J D E V S E G H A C I N
P T U V U N R L W V L D O T E O E
R A L C S B Z A J V Q S U P I R N E
E B T V I G O R O U S X U T V M H U
S L I E X P E R I E N C E I E T O S
S E V Q R H A X G C J I T M L L P T
N L A S L P R I S O C N O I Y P T X
L H T A U O G R A N Y C K S Q O I W
V G E M D Z M I E F F R F M K J M V
F M S P S T Q D X I Y E N O Y X I U
O D U L O Q K E A D V A U X S G S P
G F N E V W H S R A H S H W I T T J
G U N G A P L C H N X E Y A B J E H
S V Y L L U X E G T Z W T W N H N M R
Q N W R W B F N I S B L B M X F K C
I D E A L I S T W K W Q E P E C S A
```

WINNERS MAKE A HABIT OF MANUFACTURING THEIR OWN POSITIVE EXPECTATIONS IN ADVANCE OF THE EVENT.- BRIAN TRACY

❏ CHIPPER
❏ CLARIFY
❏ CURATIVE
❏ ENCOURAGING
❏ HOBBY
❏ HOT
❏ IMPASSIVE
❏ INCOMPARABLE
❏ INNOCUOUS
❏ INSTINCT
❏ JUBILEE
❏ JUST

❏ KOSHER
❏ LEGENDARY
❏ NEAT
❏ PRAISE
❏ RECLAIM
❏ REDUCE
❏ SHOWY
❏ SIGNIFICANT
❏ SOLACE
❏ SURPRISE
❏ TENABLE
❏ VALUABLE

```
V J U S T F M D E R E C L A I M C D
S D Y K M O V Q X C L P C S Q B E Q
U U T R P V C H I P P E R J E V I H
R S X O I O X H O V Y U S T I Z N V
P Y S C W M X U Y R Y F N S L D S V
R T C I S H O W Y D K A S S P R T E
I X U U R E D U C E C A C W R E I N
S C I T R X M F S I P K D E C I N E
E V G N J A M Y F M Y R O A H M C A
X J X X N A T I I F M E L S S G T T
S W C K Y O N I I A L O D I H T T M
G K V A X G C R V B S P V W K E J O
Z W N A I A A U A E H H L Z E E R W
W B G S L L O R O V P R A I S E H K
G L T N C U A J B U S P Y Q L N F Y
U K N A P P A Q E M S L V M H C D J
J W E G M J M B N A K E J O D O C X
H L N O O U L T L I V G S H Z U T H
B Q C U W B Z L K E H E P O H R F T
G N N F Y I R I P U W N S B S A P X
I K O S P L D P C T T D T B R G B B
S H G N C E H P O E I A P Y U I K U
E W Z Z B O E Z H U S G R T D V N J S
J T V K T E N A B L E Y A P J G O W
```

NO ONE IS USELESS IN THIS WORLD WHO LIGHTENS THE BURDENS OF OTHERS.– CHARLES DICKENS

- ❏ ABLE
- ❏ ADORABLE
- ❏ AFICIONADO
- ❏ APPROVE
- ❏ BENEFACTOR
- ❏ DRESSY
- ❏ ENHANCE
- ❏ EXPRESSIVE
- ❏ EXTEND
- ❏ ILLUMINATING
- ❏ JOVIAL
- ❏ LUXURIATE
- ❏ MAXIMUM
- ❏ NEVER FAIL
- ❏ QUANTIFY
- ❏ RAMBUNCTIOUS
- ❏ RECEPTIVE
- ❏ RESILIENT
- ❏ RESPECTABLE
- ❏ SAVOR
- ❏ SHIMMER
- ❏ SIMPLY
- ❏ SMOOTH
- ❏ YUMMY

```
I D E F B J T L T Z U H K O A P M N
T Y N N X P Q H N G G F B D E O E Z
I B E N E F A C T O R F L B H V L I
O Y M S S A D O R A B L E B I O F Z
F Y R A M B U N C T I O U S M R N M
Q G H V S M O O T H B I S Y R T U B
D Q S O O T D L U A E D E N M W H
X W K R V J U I P I R C M E I P F G
L U X U R I A T E P A M I X G P J A
X H E Z H Z N B X B I L A N A Q R P
X S P E V S L E V H I M I D D U E P
Q E W Y U M M Y S S G T G Y A A C R
D N D V W T M H E R A J H E Z N E O
R J E Y E T S R I N Q X G N R T P V
B O F V T Q X L I W T F A H A I T E
G V D V E N R M U N N D S A G F I S
S I R F Z R U A O F Z L T N F Y V K
I A E L H L F O R E P K B C R Z E C
M L S E L K C A M H V C P E K R F E
P F S I T I A F I C I O N A D O C U
L Y Y E Q J I X F L L E R M A G K W
Y F R E S P E C T A B L E N Q B L Q
J G P L O O Q O Z Q L L Q R Q H L J
S M W X H W B E X T E N D X H I R E
```

*ABILITY IS WHAT YOU'RE CAPABLE OF DOING.
MOTIVATION DETERMINES WHAT YOU DO.
ATTITUDE DETERMINES HOW WELL YOU DO
IT.- LOU HOLTZ*

- ❏ AFFABLE
- ❏ ASSIST
- ❏ CEASELESS
- ❏ DEVELOPED
- ❏ DREAMER
- ❏ EXALTED
- ❏ FERVENT
- ❏ GREATEST
- ❏ HUGE
- ❏ IMAGINATION
- ❏ INSTILL
- ❏ LIGHT

- ❏ MANY
- ❏ MASTERPIECE
- ❏ MEASURED
- ❏ PERCEPTIVE
- ❏ PLUSH
- ❏ REMARKABLE
- ❏ SECURE
- ❏ SHIMMERING
- ❏ SHINE
- ❏ SUPERB
- ❏ TOGETHERNESS
- ❏ TRANQUILITY

```
O G S H I M M E R I N G S O M G N O
I V U M E A S U R E D Y E O W M V I
G H E C E A S E L E S S C N B N E L
P Y C G E D Q Z Y S P N U W M L I K
N R M I Y A A S S I S T R Z B O L Y
I N S T I L L F W C J D E A V N O S
M A S T E R P I E C E P K L C J O N
K D C M M K I S N T F R G J M X C M
V E B D G L C M L M A T E O S L S D
P V T M Q Q I A A M D X W X J S H W
A E R Y V K X G E G H B F W E Z Y S
H L A R U E F R H J I P H N P N N Y
N O N H R W M X T T J N R U A G K U
V P Q U V O N L N R D E A M S Y T E
O E U G W P A O E X H T S T Z Z N C
U D I E C B J M K T U T N Y I I W J
X S L W X M A C E B Z E G Z H O X C
L U I V Z E E G R N V D W S Z R N L
T P T R R S O U S R Z J N L Q P H F
B E Y D X T O I E R O J S O U E E W
S R R H Y T W F A B J H P P L U S H
B B E F G R E A T E S T I K V O Y S
A F F A B L E V L Z G D R P G X A X
A Y D Z K P E R C E P T I V E W R W
```

NO GREATER GIFT THERE IS, THAN A GENEROUS HEART. – YODA

- ❏ ABOUNDING
- ❏ ADVANTAGE
- ❏ AFFIRM
- ❏ AMENABLE
- ❏ APPETIZING
- ❏ ARRANGE
- ❏ CARE
- ❏ CARESS
- ❏ COLLECT
- ❏ COMFORTING
- ❏ DISTRIBUTE
- ❏ ELABORATE
- ❏ FLEXIBILITY
- ❏ INDEBTED
- ❏ INITIATIVE
- ❏ KUDOS
- ❏ LUCK
- ❏ NOTICEABLE
- ❏ PERSISTENT
- ❏ RECUPERATE
- ❏ TRUE LOVE
- ❏ TREMENDOUS
- ❏ UNEQUIVOCAL
- ❏ VISIT

```
V I S I T A S V J A D V A N T A G E
J D F W E H E L A B O R A T E V R E
U G L J M I N D E B T E D E H C T F
T O N O T I C E A B L E H Q B A L A
P T I U N E Q U I V O C A L R Y D M
D U C Z K W W X I O O A O E N E A E
B I Q O Q S O P G F H X P C D F Y N
Y R S O M B F C A R E U N J H I X A
H B V T N F E P B S C P E T G H M B
V Y A L R E O P I E C O L L E C T L
U Y W M R I H R R P H G W D N I B E
C H K F I F B Y T R E M E N D O U S
C F J I N H U U Z I A R R A N G E P
J G A F K W A O T N N W K F P P J P
S S I H L C K W E E D G L M E M J A
P X A P E T I Z I N G Y S R K C T
G B D O P N X A K V E L R M S U A P
I N I T I A T I V E N U Y H I D R G
M J E F A E I C B J Y C B Z S O E S
J N I D Z W Z K I I Q K J V T S S H
B Q I H J D B Z A G L B C J E L S Y
A A F F I R M V W Y W I V J N Y U K
I A B O U N D I N G F Q T L T S N S
R T R U E L O V E I W X L Y Q Z C D
```

WORRYING IS LIKE PAYING A DEBT YOU DON'T OWE. – MARK TWAIN

- ❑ AFFILIATE
- ❑ AFRESH
- ❑ AMICABLE
- ❑ APPEALING
- ❑ BEQUEATH
- ❑ BOOST
- ❑ BURSTING
- ❑ CURE
- ❑ EMINENT
- ❑ EXPOUND
- ❑ FULL
- ❑ IMMERSE
- ❑ IMPACTFUL
- ❑ INFLUENTIAL
- ❑ INPUT
- ❑ INTERESTING
- ❑ JEWEL
- ❑ LIVELY
- ❑ ORIGINATE
- ❑ PLEASURABLE
- ❑ SPELLBOUND
- ❑ SPIRITED
- ❑ TOUGH
- ❑ VITALITY

```
C Z I A T A I D X O Z N P Q V V Z C V
F Y K L P K F N S P E L L B O U N D D
N G L S B E A R T K Q C A Q J S H Q
C U T F U Q S X E E C U B E E X H B
F S U H E M U U A S R J Q L W G A L
E V I T A L I T Y N H E E N E E Q Q
R Q Z G B E M I N E N T S H L C I Z
A P P E A L I N G Z H P O T M Y N B
X G R F G L J D J K V P Z G I V H U
B E Q U E A T H E X P O U N D N E R
B I E B Q T O L Q U X C O B Y P G S
H P C C W C L X E G E R A M B T U T
S M S C P L E A S U R A B L E B K I
P X A I N F L U E N T I A L L I T N
I L M M B O K H U K Q W W U C A B G
R I I T N A K I M P A C T F U L Y J
I V C A F F I L I A T E S X H M O
T E A R B L X E H L S P L P Z I I R
E L B X R F R U A O R I G I N A T E
D Y L T N U L U N J I T O U G H W Z
K V E V C Q H I M I T N G I L F V W
N X D X B I M M E R S E P B X F M V
G C P V B O O S T G B D Z U H G X L
P A R S Z Z F W D C L F E O T W V I
```

HAPPINESS IS AN ATTITUDE OF MIND, BORN OF THE SIMPLE DETERMINATION TO BE HAPPY UNDER ALL OUTWARD CIRCUMSTANCES.- J. DONALD WALTERS

- ❏ ACKNOWLEDGE
- ❏ APPROVING
- ❏ ASSENT
- ❏ BECOME
- ❏ BENEFICIAL
- ❏ CONSCIOUSNESS
- ❏ DELIGHTFUL
- ❏ FUNNY
- ❏ LOFTY
- ❏ LOOSE
- ❏ MAINTAIN
- ❏ MATURE
- ❏ PARAMOUNT
- ❏ POWER
- ❏ REVITALIZE
- ❏ SACRED
- ❏ SPELLBINDING
- ❏ START
- ❏ STYLISH
- ❏ TEACH
- ❏ THRIVE
- ❏ TILT
- ❏ VIVACIOUS
- ❏ WISDOM

```
W O U R U I R M T E A C O A A Z T J
V J U V L D A R E V I T A L I Z E S
I V T S T B E N E F I C I A L G Z X
V U L A I C E P G F P N O K Y L K T
A G D C F G W I S D O M K E I A P I
C V D R G D B F L O F T Y I E Z J F
I P W E M K J S S I F T Z M J N T L
O N C D A A X E R T V P O D D I U P
U Z C P C X T B J T Y C W W T F H U
S H A A K Q G U J K E L M W T B D Q
S P E R N M A S R B M D I H S U K U
P B I A O W W Q K E Y Q G S N R G T
E S T M W A S S E N T I F I H H Y W
L T Z O L C V B T M L M A S B L O P
L E B U E S K L G E E T S F U N N Y
B A T N D C I G D B N P C K M D X D
I C H T G T B H Q I G F P O W E R O
N H V S E K S K A C S T A R T U T P
D E Q M N W M M E P G T P I J A T S
I N O A P P R O V I N G S R P V H H
N V C O N S C I O U S N E S S U R E
G F P A H P R J F D T L O O S E I L
F D X F L G X I I I E H D E L N V J
Q X I Y H U Y E U F C A S S J R E H
```

THE GREATEST DISCOVERY OF MY GENERATION IS THAT A HUMAN BEING CAN ALTER HIS LIFE BY ALTERING HIS ATTITUDES.- WILLIAM JAMES

- ❏ ADVISER
- ❏ ALLURING
- ❏ ATHLETIC
- ❏ BUBBLY
- ❏ CAPABLE
- ❏ CHERISH
- ❏ DISPENSE
- ❏ DOABLE
- ❏ FELICITY
- ❏ GORGEOUS
- ❏ IMMUNE
- ❏ INDUCE
- ❏ INTEGRAL
- ❏ MAMMOTH
- ❏ MEMORABLE
- ❏ PALPABLE
- ❏ PAMPER
- ❏ PANORAMIC
- ❏ QUIRK
- ❏ SATISFYING
- ❏ STAR
- ❏ STRONG
- ❏ TOUCHED
- ❏ UNPLUG

```
S C J I M M U N E H H Q R D N Q N G
L H B P Y Y P P T B L Q E I U R I J
L E C T U Z I R R M W L J S E B A N
H R O Z G W U O Z R B I X P U I E H
X I V J U Y H M L A B H M E G A Y E
W S A I S P S E P V J A C N K I L T
G H A F G O D L C L P W G S D B C T
U U D S O W A R P G D L G E A L A I
R Q V P A P D O U H O S J P R E T D
L Q I V S T D P G T U L A B W S H I
F U S P T T I N C O F C B L O J L T
Z I E Y A K I S E Q Y E A M Q P E G
B R R D R R I G F D C R L L E Q T U
T K A D U J R N Z Y G S L I D R I P
D Q J L O O J N D E I U T D C S C J
I I L W G A R P T U D N W R R I K H
H A W F X K B N S C L G R O H T X
R I T V Y R I L N P Z E T U G N C Y
F N Y C T U W L E M O T O N Z L G K
F Q M E M O R A B L E T U P W Q H R
B U B B L Y K G F J D I C L A Q B I
P A N O R A M I C D G W H U M B F L
D V A D M A M M O T H A E G E Q B M
K Q S Y G B K J U Q B F D N P N W A
```

NEVER LOSE AN OPPORTUNITY OF SEEING ANYTHING BEAUTIFUL, FOR BEAUTY IS GOD'S HANDWRITING.- RALPH WALDO EMERSON

- ❑ ACCOMPLISHMENT
- ❑ ADMIRER
- ❑ ASCEND
- ❑ BLESSING
- ❑ CONGENIAL
- ❑ CONSTANT
- ❑ DIVINE
- ❑ EDUCATOR
- ❑ INCREDIBLE
- ❑ INVITING
- ❑ JACKPOT
- ❑ LUSTROUS
- ❑ MEDITATE
- ❑ NECESSARY
- ❑ QUERY
- ❑ RESOURCE
- ❑ SPLENDOR
- ❑ STELLAR
- ❑ TAME
- ❑ TEAMWORK
- ❑ TENDER
- ❑ TRANSFIX
- ❑ TYPICALLY
- ❑ ZEALOUS

```
Y A C C O M P L I S H M E N T Z P H
O G C M L Z B A J A C K P O T X K M
H I Y X P I E S T E L L A R P B J E
J M T A M E N A Q A I X X E R L J D
S D N E A P S C L T J I A R Q E R I
P O R S D A D R R O R X W T L S C T
V W E P M O L E J E U A I D U S S A
T M S L I I B K F W D S N O Z I R T
E E O E R W O D N N A I R S X N Z E
A O U N E X E R K F Q T B S F G Y B
M L R D R D Y C A L S Q O L G I U W
W K C O Q U U G K U G U C I E K X P
O D E R N H N C L K C E O J X Z F D
R E D S H I E C A B D R N X X U D B
K T X I T F X G P T S Y G L G G A G
T O Z I V I X U B I O D E R G K A Y
J Y V C P I O J E S G R N U E C R A
Q N P S O M N B S V Y T I H L A G Z
I J E I W N T E N D E R A W S U R O
M Q O H C S S A O N O W L S A S H T
T M L B S A G T Y C S B E Y K J L X
M M B I R D L A A F I C Y N F B C Q
N A I B N T G L L N E A S C E N D D
C N I P A Q P K Y N T L P I J D J H
```

TO IMPROVE IS TO CHANGE; TO BE PERFECT IS TO CHANGE OFTEN.- WINSTON CHURCHILL

- ❏ ABSOLUTELY
- ❏ AFFECTIONATE
- ❏ CREDIBLE
- ❏ DETACHED
- ❏ EMBELLISHING
- ❏ ENORMOUS
- ❏ FASCINATE
- ❏ FAVOR
- ❏ GENEROSITY
- ❏ GLORIOUS
- ❏ GRANT
- ❏ HAVEN
- ❏ HUMANIZE
- ❏ IMMOVABLE
- ❏ MILD
- ❏ NURTURED
- ❏ ORGANICALLY
- ❏ REAL
- ❏ STRIDE
- ❏ THRUM
- ❏ UNDERSTAND
- ❏ UNIFORM
- ❏ UNPARALLELED
- ❏ WEALTH

```
B U V P L U O R G A N I C A L L Y J
U U N Y T N A H S T R I D E X F O E
H S K P Q D R D E T A C H E D Z T T
R Y H B A E B S O W V R G P V A K C
X Y U G W R C Z B E D U G Z N M L O
S Y F V Y S A O G L P R T I C C F T
A P A H H T O L I H N J C K V L T F
Z Z V A D A G M L M E S K V J R Q U
D L O E A N B O Y E A T U O C X D C
L O R Y H D P O M F L Z H A V E N Y
K T T G S K L U E O H E G N G S R M
B H X E W N U R T U R E D N U U S L
B C F T G Y A F F E C T I O N A T E
T A B S O L U T E L Y H M K T T G A
Q E O Z D K W X V B S R O L S H E G
X B F Y A G S O U I O K C E T U N T
C R E D I B L E L N P N Z L Z N E N
P L T N L C D L E I N I A N H I R A
D Q Q N T A E N A U N E P O K F O G
Q A X J A B O V I A W Z L V J O S R
N N F Q M R H B M U F H K Y D R I A
L A S E N E F U N V E Z A R Z M T N
T H R U M A H G L O R I O U S U Y T
O G M G A L L L A I M M O V A B L E
```

YOU MUST BE THE CHANGE YOU WISH TO SEE IN THE WORLD.- MAHATMA GANDHI

- ❏ ARDOR
- ❏ AVERAGE
- ❏ BARGAIN
- ❏ CONSTANTLY
- ❏ DOCILE
- ❏ FLAT
- ❏ FULL-GROWN
- ❏ HEAVENLY
- ❏ HOIST
- ❏ INSTITUTE
- ❏ METHODICAL
- ❏ MINGLE
- ❏ NEIGHBORLY
- ❏ NOOK
- ❏ OPEN-MINDED
- ❏ PROFIT
- ❏ ROWDY
- ❏ SMILE
- ❏ SWARM
- ❏ TEMPER
- ❏ THINK
- ❏ TOLERANT
- ❏ WANTED
- ❏ WARM

```
P M S F W M S P P R O F I T P I E I
M U M R L C R V Z I R R P T Y C C E
J E W K B A I G O A E C Q F Q W G E
K J T Z Y G T M I N G L E T A A E T
B L X H S R M J K V M M A A R F B N
T I Q R O O C V D U E B E E M E E E
W A N T E D M C M Q M S V C S L V I
X F A S L T I K I G P A W R I F M G
T A F M T D A C G L N F X M L J W H
W C J T E I O T A L E U S O N L L B
T V O B A L T C O L Y L Z P P D F O
A C O N L D T U I L P L Q E S T H R
X E K M S Y G H T L E G Z N O O W L
F T V S L T T P I E E R R M X U U Y
S W A R M A A G X N A O A I Y G E R
D C F E H V I N O M K W X N M A A L
H E A V E N L Y T L R N Q D T A R J
I U Q Z X M G R Y L L R C E I Y D H
I Q R T E H T B G P Y O R D K V O Z
W X W U R N W I H O I S T J P I R I
S H Y M G U O S W O B A R G A I N G
R O W D Y R D O K V U V U X M J N U K
O Y G E K G U S Z K U O M D A W A R M
A V T E M P E R K C S V E L R N U X
```

NEVER REGRET ANYTHING THAT MADE YOU SMILE. – MARK TWAIN

- ❑ ADMIRE
- ❑ AFFINITY
- ❑ BRIGHT
- ❑ BUOYANT
- ❑ CUSTOMARILY
- ❑ DETERMINED
- ❑ FAME
- ❑ FANCIFUL
- ❑ FOCUS
- ❑ FORTHWITH
- ❑ HAPPENSTANCE
- ❑ HARK
- ❑ LYRICAL
- ❑ NEATEN
- ❑ PROPHET
- ❑ REGIONALLY
- ❑ RELAXATION
- ❑ SERENDIPITY
- ❑ SOAR
- ❑ SUPER
- ❑ TEND
- ❑ TERRIFIC
- ❑ TRENDSETTER
- ❑ WIN

```
R A G Y E M E C V X K L A F M N L M
E O R O G V F A D M I R E A S F M W
L T R E N D S E T T E R R N E H H S
A S P C V U E L F O C U S C R L P E
X P R Q B W C B B B T Y D I E Y M K
A Q O K O G N U I L B N F N K L Z Q
T S P C R H U P L R E R U D L Z Q
I H H N A T W D A A C H M L I Y B X
O T E W Q E N N S N C A F Z P B U D
N C T I Z S O X A B U R F E I P O L
K H T N E I W T N X S K O Q T U Y S
O S A S G T S E K F T Z J F Y U A W
C Q E E J N T D E F O Z A A B I N N
Q F R T E A M K H A M V P T M Z T U
E D Q P E J F T K M A B W R E O E I
T I P N J R I Y Z E R A M I C N Z V
M A J R P W R N Y D I Q E X T R D X
H K Y L H K C I U R L Y R I C A L C
B W R T P A G D F W Y Q G U X D Z I
J Q R K Y U V F D I U W L O X C Y I
S O A F F I N I T Y C Q P A A T K Y
F F J S O A R K D E T E R M I N E D
U B G T B R I G H T R Z I E I Y R
M R B W R X S U P E R J I J U E T B
```

YESTERDAY IS HISTORY, TOMORROW IS A MYSTERY, TODAY IS GOD'S GIFT, THAT'S WHY WE CALL IT THE PRESENT.- JOAN RIVERS

- ❏ ADVENTUROUS
- ❏ ALLOW
- ❏ BONUS
- ❏ CARVING
- ❏ COUNSELOR
- ❏ FREEDOM
- ❏ GIGGLE
- ❏ GRACEFUL
- ❏ HERO
- ❏ MAGNITUDE
- ❏ MOTIVATE
- ❏ MOVING
- ❏ MUST
- ❏ NARROW
- ❏ NEVER-FAILING
- ❏ NOVEL
- ❏ PROMOTE
- ❏ RAUCOUS
- ❏ REFURBISH
- ❏ SATISFY
- ❏ SELFLESS
- ❏ SIGNIFICANCE
- ❏ TREASURE
- ❏ UNCEASINGLY

S I C T G P X K V N N I G A U N O D
J I L G B O M D Y M N N R N T O N L
S H G M A G N I T U D E B L H P R O
E R H N V X Q L L S V Z E N B P R V
L L E E I Z P M O T I V A T E E Z F
F J E F R F K R Z A O R R I A T G R
L I C A U O I D O N T O Y O W I L E
E S H D C R H C R M L N S G C I D E
S A C H V Z B Q A E O G U R N K T D
S T Z A B B O I S N E T E A L S B O
S I S F R R U N S F C O E C S Z G M
N S B N A V U M M H W E C E Y O Q V
C F U T H O I V U E K F J F H S M Z
S Y B X C P W N I V B I W U J K C N
U N C E A S I N G L Y W A L L O W K
L Q G Q N I N E V E R F A I L I N G
M O Q A A G N W D L M S P Q E P G P
O N L T R U W N Q V A Z Y R Z R I H
V I R R R R V G K A I R T R F A G D
I W U G O J M M B K B M X Y J U G T
N R F X W T R E A S U R E U J C L Y
G V O Y H N S H C A C Q S O V O E K
A D V E N T U R O U S I K J Y U J Q
Z Y X A G C B O N U S I T Y M S K G

THE PESSIMIST COMPLAINS ABOUT THE WIND; THE OPTIMIST EXPECTS IT TO CHANGE; THE REALIST ADJUSTS THE SAILS. - WILLIAM ARTHUR WARD

- ❑ ARCHETYPE
- ❑ CENTRAL
- ❑ CHARITY
- ❑ COLLABORATION
- ❑ DAZZLE
- ❑ DIAGNOSE
- ❑ EBULLIENT
- ❑ EFFERVESCENCE
- ❑ ELATION
- ❑ ESSENTIALLY
- ❑ FAITHFUL
- ❑ FAULTLESS
- ❑ MEDIATOR
- ❑ PROTECTOR
- ❑ REMEDY
- ❑ SCENIC
- ❑ SERENE
- ❑ SWELTERING
- ❑ TALISMANIC
- ❑ TAKE PRIDE
- ❑ TRUSTY
- ❑ VOCALIZE
- ❑ WITHSTAND
- ❑ ZESTFUL

```
C Z W I G J K O J Y D E L I X W X O
E C I V O C A L I Z E Q U D D Q W U U
N M T U O P Z Q R C O D L J P W N T
T E H J W N P E I E Y J A U R D U V
R D S T R E E R S I M O C Z B Z B J
A I T J T E F O T T Q E S Y Z K V M
L A A R F W E F J A F G D C K L U H
Q T N W I I X J E C K U U Y E R E P
V O D E E J P Y E R T E L D O N J E
L R B F S T W B D T V J P T C V I Y
E T A L I S M A N I C E C R T R T C
B W S N W M E A I M T E S T I I D F
U S W S J W B N U U T B F C R D G I
L S P B G R P L T O N M A A E Z E R
L W Q S O T R N R I O W H B D N E A
I E R J U G W P U X A C Z E P L C L
E L P X C N K F Z J B L H A T C U E
N T J D I A G N O S E C L E E F Q T
T E F A U L T L E S S M O Y H O I R
G R Y U C O L L A B O R A T I O N X
K I I P D M B B A B B G I O T Q C A
M N J F I U B Q X E L A T I O N G P
D G A I S E R E N E F T R U S T Y N
V H I A R C H E T Y P E N Q Y R G B
```

THERE ARE A THOUSAND REASONS TO LIVE THIS LIFE, EVERY ONE OF THEM IS SUFFICIENT. – MARILYNNE ROBINSON

- ❑ APPLAUSE
- ❑ ASSURE
- ❑ BEAT
- ❑ BRAWNY
- ❑ BROTHERLY
- ❑ CAREFUL
- ❑ DETERMINATION
- ❑ DEVOTION
- ❑ GALVANIZE
- ❑ HANDLE
- ❑ ILLUSTRATE
- ❑ INFUSE
- ❑ LUSCIOUS
- ❑ MONUMENTAL
- ❑ NATTY
- ❑ OBSERVANT
- ❑ OFFER
- ❑ ORDINARILY
- ❑ READILY
- ❑ RECONDITION
- ❑ RITUAL
- ❑ UNINTERRUPTED
- ❑ UNSPOILED
- ❑ ZONE

```
S G Y G Z E A C A R E F U L A H U V
J A X U S D D W I E H A N D L E N T
M L K T W U C E S X A G R H G E S N
C V N A T T Y U V B K Y K F B S P B
W A E L W M A M B O L S D I I S O E
N N J L H L O Z Y R T C R U X P I A
D I K H P K N N E P I B Q Y X L T
E Z D P R S Q H U F C W O R D V E W
T E A J Q K T I R T K M N A L D N
E U J L D O Y O H Y E C Y A D W G S
R P U B R G B T B M L N A E L V N N
M M L B B L N K W S Z K T S C S W Y
I Z E O Z T T Y K Y E P U A J Y I C
N E S F O H R R W V U R W K L A L F
A M E F N F I Y E R A K V U W D L X
T Y B E E P L N R C F Z L A U S U U
I J W R C I A E I O O A W K N X S L
O D G D K T X H N U N W O E T T A
N F Y A B N D C L T F Y D H K M R S
A Y E O I E N X I F C U D I Y R A S
F R P N C D Z R B L P D S D T G T U
V T U T X B C V Y N O G Q E P I E R
V G W K V O L U S C I O U S J D O E
D J T E M L L O R D I N A R I L Y N
```

I'D RATHER REGRET THE THINGS I'VE DONE THAN REGRET THE THINGS I HAVEN'T DONE.- LUCILLE BALL

- ❏ APPEAL
- ❏ BLISSFUL
- ❏ BONAFIDE
- ❏ BREADTH
- ❏ BREEZY
- ❏ DELIGHTED
- ❏ DEPEND
- ❏ EMPOWER
- ❏ ESSENTIAL
- ❏ GOOD
- ❏ HUMOROUS
- ❏ LUSTER
- ❏ LUXURIOUS
- ❏ MYRIAD
- ❏ NEUTRAL
- ❏ NUMEROUS
- ❏ ONGOING
- ❏ OPTIMAL
- ❏ PARTICIPATE
- ❏ REPOSE
- ❏ SEDULOUS
- ❏ SHINING
- ❏ SOOTHING
- ❏ VENTURE

```
J  G  H  B  R  E  E  Z  Y  D  L  O  X  J  I  Y  L  M
I  O  S  R  K  U  V  G  T  A  R  E  N  K  Y  E  J  Q
B  V  G  E  W  A  N  W  M  L  R  D  J  G  W  T  M  N
M  P  X  P  I  H  B  I  W  U  U  W  W  O  O  I  B  U
K  C  D  O  F  Z  T  S  T  H  O  X  H  D  N  I  A  B
K  M  R  S  V  P  U  N  M  D  U  T  U  L  C  C  N  H
W  P  X  E  O  O  E  H  Q  K  D  M  S  R  Y  S  E  G
I  Y  G  Z  L  V  V  R  E  A  C  N  O  G  I  G  H  D
G  G  I  U  D  L  X  H  E  Q  F  J  Q  R  Q  O  O  Q
I  N  D  Q  U  R  J  R  C  Z  K  K  U  U  O  O  U  A
V  E  I  E  P  U  B  Q  T  I  W  C  M  E  G  U  V  S
S  U  K  P  E  S  S  E  N  T  I  A  L  X  N  S  S  H
H  T  Y  A  G  S  W  U  W  J  L  B  R  K  T  L  F  J
S  R  N  R  I  O  Y  Z  F  S  X  B  Q  A  Z  M  O  F
W  A  U  T  H  O  S  X  E  M  P  O  W  E  R  M  J  U
M  L  M  I  M  T  H  T  P  C  J  N  M  Z  G  Z  L  K
S  W  E  C  Y  H  B  L  D  R  L  A  V  M  L  X  K  J
Q  J  R  I  R  I  T  J  D  U  C  F  J  T  U  S  M  N
W  J  O  P  I  N  L  N  F  A  H  I  N  H  S  H  B  O
Q  J  U  A  A  G  E  S  J  B  Q  D  M  T  T  I  B  H
K  N  S  T  D  P  S  J  G  R  K  E  Y  T  E  N  C  B
K  I  V  E  E  I  Z  R  A  P  P  E  A  L  R  I  E  O
A  B  T  E  D  L  O  O  J  V  B  F  I  E  V  K  N  S  I
N  L  U  B  D  E  L  I  G  H  T  E  D  O  L  G  G  D
```

USE WHAT TALENTS YOU POSSESS; THE WOODS WOULD BE VERY SILENT IF NO BIRDS SANG THERE EXCEPT THOSE THAT SANG BEST.- HENRY VAN DYKE

- ❑ ACCURATE
- ❑ ALERT
- ❑ ASTONISH
- ❑ ATTAINABLE
- ❑ BOLSTER
- ❑ COMPASSION
- ❑ COOPERATION
- ❑ DANCE
- ❑ DISCERNING
- ❑ ENERGETIC
- ❑ EXCITE
- ❑ EXIST
- ❑ EYE-CATCHING
- ❑ IMMENSE
- ❑ JINGLE
- ❑ JUMPSTART
- ❑ LEARN
- ❑ PANSOPHICAL
- ❑ PILLAR
- ❑ PRECIOUS
- ❑ QUITE
- ❑ RESORT
- ❑ SURMOUNT
- ❑ TRANSCENDENT

```
Q F L B C G X O Y Z P M Z U B N G S
H Z C J B S I V J A A T M A O T L D
A E B O X E X I S T N J R J L A E O
A V O A M V P L C E L Z E U S T X O
F L C R T P G J D M W W S M T T C D
I K E F M J A N I F Y M O P E A I K
L U O A K U E S D N G T R S R I T I
U G A O R C A S I G G T T Z N E M
N A S S S N S S I I S L Y A V A A Q M
I L L N W C U W C A O C E R B B N E
Q E A D Z O O I T K E N E T L L M N
G R I F I V T O A H T W N R P E N S
T T U C C E Y X P N H P Q C N Y M E
W T E Y G E D C U E F Y F L F I K P
Q R O R C H P O P V R T F X Q M N Q
P A E N Z W M E Y E C A T C H I N G
Q N A C V R I Y V P Y B T E U Y P Q
E D D Y U C V X N O W L L I C T U L
O N C S G J X D D T Q M Q O O E L T
Y A C C U R A T E E L Y J R A N B L
X L J A V B M A S T O N I S H Q L O
T G P A N S O P H I C A L X U D X L
B H C E P I L L A R X F S T H B Y X
Y F M B V S X Q U I T E S X O C D N
```

I WILL NOT FOLLOW WHERE THE PATH MAY LEAD, BUT I WILL GO WHERE THERE IS NO PATH, AND I WILL LEAVE A TRAIL.- MURIEL STRODE

- ❑ ACCOMMODATING
- ❑ ALTRUISTIC
- ❑ ATTAIN
- ❑ BIG
- ❑ BONANZA
- ❑ CARING
- ❑ DEFINITE
- ❑ ENGROSSING
- ❑ ENTHRALLING
- ❑ GRIPPING
- ❑ HEALTHY
- ❑ HEART
- ❑ INGENIOUS
- ❑ INHABITANT
- ❑ MAGICAL
- ❑ MARKETABLE
- ❑ PERCEPTION
- ❑ PICTURESQUE
- ❑ PRECISE
- ❑ PROMINENT
- ❑ RELIANCE
- ❑ SALVE
- ❑ SOUGHT-AFTER
- ❑ TRANSCEND

```
A D A Z P R O M I N E N T N L B Z H
L X D C T E N G R O S S I N G E A T
T Y Q N C C D M P S T R A N S C E N D
R Z P W V O X G C L R O K F E Y Q U
U W N B M I M Q E E O Q I L T X V D
I G T T B V V M B Q W Y B Z N E R E
S M I N G E N I O U S A P B C D K F
T O A O I I T K E D T Q C I I I G I
I S U G O A V A C E A Q B G Z N C N
C X L G I D W V K G X T C W I T A I
Q I D L H C P R M F F S I P G S R T
N M I S S T A H P E G K P N U L I E
X Q V A X M A L I V C I L I G T N H
M I T L X Z U F C B S R N R I G D
Y N J V U N S N T G C O V A B F A I
E U P E I H I A U E U Z E U S S O N
H X Y O U A R C R H R H A U R D H H
Z U Q W T I V P E R C E P T I O N A
Z P P T S V J O S S Y X X R W Q G B
H E A L T H Y Z Q X X S E Q O Z S I
S X L N X E Q J U A R A Y R M U F T
R E L I A N C E E P R E C I S E I A
R O E N T H R A L L I N G Y F X N N
O E G K R Z H B O N A N Z A Y G L T
```

OBSTACLES ARE THOSE FRIGHTFUL THINGS YOU SEE WHEN YOU TAKE YOUR EYES OFF YOUR GOAL.- HENRY FORD

- ❏ ABUNDANTLY
- ❏ AFFECTING
- ❏ ARTFUL
- ❏ BALM
- ❏ BEAU
- ❏ CLASSY
- ❏ ENDOWMENT
- ❏ ENGAGING
- ❏ FUN
- ❏ INSTRUCT
- ❏ INTELLECTUAL
- ❏ LULL
- ❏ MANNERS
- ❏ MERRY
- ❏ NONPAREIL
- ❏ OBJECTIVE
- ❏ RESONANT
- ❏ SALVAGE
- ❏ SENSATIONAL
- ❏ SPROUT
- ❏ SUCCEED
- ❏ TRULY
- ❏ UPSIDE
- ❏ WHOLESOME

```
U X T A I J N O N P A R E I L N E R
K E T R N Q N F Q T R U L Y G W L F
L Z A T S X Q V V E M E R R Y Y T T
Q G H F T W G A B U N D A N T L Y Z
X O D U R L U L L P M U P S I D E A
M V H L U W V M C E A I R N S C P R
B O C H C H J V N E N E D K Q O A D
Q D K E T O N U A X N G B E A U P H
O A U K Z L C K S N T L A K S M O V
B I U K F E L T A U A T Y G R M F I
J M J V X S U M A N C M U G I A P Y
E S T S X O P V O O Y C H F U N W Y
C J F S R M X I Q C X X E A I J G B
T X B P X E T F D P K O J E W G K I
I J S R T A F F E C T I N G D M X V
V E C U S K N M Y V M B J Z J A J
E O B N T N G L A B Y J V H M X V
N N E S D Y A Y Z B A W Q G O D H L
Z S R P S B S A L V A G E P B W D H
G R J S J X P T E N D O W M E N T S
V V A G B F I N T E L L E C T U A L
P L A M X R E S O N A N T V S B G M
C H T S L X F F N Q A E H E Y F S P W
J M A R L U S A L D H Z L R D U Z I
```

BLESSED ARE THOSE WHO GIVE WITHOUT REMEMBERING AND TAKE WITHOUT FORGETTING.- ELIZABETH BIBESCO

- ❑ APPOINT
- ❑ BEGUILING
- ❑ CHIC
- ❑ CONVENTIONAL
- ❑ CREATIVE
- ❑ DESERVING
- ❑ EXCEPTIONALLY
- ❑ FAIR
- ❑ GRADUATE
- ❑ JIFFY
- ❑ MANUFACTURE
- ❑ MESMERIZING
- ❑ NONSTOP
- ❑ NORMAL
- ❑ OCCUPY
- ❑ ODE
- ❑ ONE-OF-A-KIND
- ❑ PEACEFUL
- ❑ RECTIFY
- ❑ SUBSIDY
- ❑ SUPPORT
- ❑ TRANQUIL
- ❑ VIBRANCY
- ❑ VICTORIOUS

```
D O C C U P Y C N R T K Z C B J I V
E V I B R A N C Y A D B I K E T J R
S U G N X T L O X X U H C H O Y I G
E V I O T A S D V X C J E B L A Y O
R G H N H Z N E R Y I E V N F V W L
V D X S O O N E O F A K I N D Z J H
I D W T S E X C E P T I O N A L L Y
N A K O W M X Z Y Y J R E T T W P W
G C T P D S E A I A F A P E R S E X
G S O K V C U G P A Q C D X A I A L
R D U N S Z L P B B Y H G J N V C I
A J D I V A B D P F L N I H Q I E P
D Y G K M E Q A I O I S M H U C F U
U Y O R Q Y N T Q Z R T K W I T U O
A A O Q Z H C T I H Q T K K L O L A
T N L U W E D R I E V G E U P R J A
E E U K R G E M V O K I G X C I R G
T J S K V M Y I C X N S V V K O L I
X N P K S D T L G C J A S A K U Y D
Q A R E I A Z A A U W Y L P N S B J
U W M S E U A P P O I N T P I H H I
R P B R E O Q N V Q O L I L T T S F
X U C M A N U F A C T U R E O U F F
S C N T T X F L B E G U I L I N G Y
```

DON'T JUDGE EACH DAY BY THE HARVEST YOU REAP BUT BY THE SEEDS THAT YOU PLANT. – ROBERT LOUIS STEVENSON

- ❏ ACQUIRE
- ❏ AMAZING
- ❏ ASSOCIATE
- ❏ AUSTERE
- ❏ BASK
- ❏ BASTION
- ❏ BLESSED
- ❏ CERTAINLY
- ❏ EFFORTLESS
- ❏ EXTRA
- ❏ GALLANTRY
- ❏ HYPE
- ❏ JAMMED
- ❏ JIBE
- ❏ KEEP
- ❏ MERIT
- ❏ OASIS
- ❏ OVATION
- ❏ SANGUINE
- ❏ SLICE
- ❏ SPIRITUAL
- ❏ UNBEATABLE
- ❏ UNIVERSAL
- ❏ XENIAL

```
I N Y Q X I J Y B P J F E S M R M Q
N U V Y E X T R A F Y P S G R I S K
W N H L N Q Q Z Y L Z E M C D N Q M
G I Y G I I Z Q N J L F X A B N Y O
Q V B P A X X I B T N Z P S U E M I
G E N F L D A Y R C C Z I K J I F K
H R Z Q E T Y O K N H T D O A J H X
Y S K E R V F L F P G C T E M U O P
P A A E N F M E R I T L R B M D B R
E L C Z E Z D C J R W I S A E M E V
T S A M A Z I N G P U I Q S D O U D
X P O I I D J F Z Q K Y X T G A P O
Y I V L C K R E C S I E O I A S S B
P R A G C W U A A T M S P O L I S U
T I T U S A N B U I S A C N L S O R
T T I N A A X I R S O U Q F A Q I E
D U O B N V S L T E I S Q P N C T J
Q A N E G B A S Q L M T E H T O V Y
W L J A U L A Y O D W E S T R J C R
C G A T I E C P A C K R N H Y S O G
U M A A N S P L L J I E R F E L S L
F B K B E S F S O I C A I E R I U S
K J O L E E P Y U B N M T M Y C Z I
X A G E H D H K R E R M B E K E G J
```

KITES RISE HIGHEST AGAINST THE WIND - NOT WITH IT.- WINSTON CHURCHILL

- ❏ ABUNDANT
- ❏ ACCEPT
- ❏ ALWAYS
- ❏ ASSERTIVE
- ❏ BEAUTIFY
- ❏ BREATHTAKING
- ❏ BULK
- ❏ COMELY
- ❏ ELATED
- ❏ FAITH
- ❏ FANTASTIC
- ❏ FLASH
- ❏ INVOLVING
- ❏ MELODIC
- ❏ NAMASTE
- ❏ NIFTY
- ❏ NIPPY
- ❏ OPTIMUM
- ❏ RECOGNITION
- ❏ SATISFACTION
- ❏ UNCONQUERABLE
- ❏ UPRIGHT
- ❏ WISH
- ❏ YEEHAW

```
C Y Y G N J A N A M A S T E L A R I
T Y S W S F L A S H H I B R R U X N
L M N A M Z D Q L E M L M Q H H D C
L Q U P T E A B U N D A N T U A C Q
P G K O T I I D F A N T A S T I C P
S V I A I A S C N P Z A L W A Y S N
E P L O K V I F O V O E V M J B R I
G E G L J U O A M F H C M Y E E P H
N A C C E P T P J C E N D T X A C P
O I N V O L V I N G T L F F I U O Y
N G W U I Q E V Z I K I Y I H T G Z
B D I C N U O P Q K N M O E L I N X
B R U H V C W H B Y G K V N O F I B
C Z E Z O J O D U P K I M U U Y T R
C H J A P A K N H Z T I J P I H I M
F X T U T Y N I Q R E W G H C N O H
L Q G W I H F S E U A B E O C P N R
P B A E M C T S C H E L F I D T D C
J E Z R U Q S A E V D R D X D Q W X
T H C Y M A T E K F F O A K S N I T
B V S M G T Y F M I L A A B O D S M
U U P R I G H T D E N R I V L J H E
L W Z A G P D I M F D G O T Q E D Y
K S E K Q R W Y Z Q Q I S H H O I V
```

I MAY STUMBLE. I MAY FALL. I MAY CRY. BUT I'LL NEVER GIVE UP! TOMORROW, I RISE AGAIN. – STEVE MARABOLI

- ❏ BEGIN
- ❏ BENEFICENCE
- ❏ COMMONLY
- ❏ COSMOS
- ❏ COURAGEOUS
- ❏ ENOUGH
- ❏ FEEL
- ❏ FLEXIBLE
- ❏ GLISTENING
- ❏ GOOD DAY
- ❏ GREAT
- ❏ GREGARIOUS
- ❏ IMPARTIAL
- ❏ LIFT
- ❏ LOYAL
- ❏ MAKE
- ❏ NURTURE
- ❏ PROMPTLY
- ❏ RAPT
- ❏ REFRESH
- ❏ SCHOLAR
- ❏ SUPREME
- ❏ VIRTUOSO
- ❏ VOW

```
V U P R O M P T L Y Q K L G C O I Y
F W I Z H L A O L E Z Q Z E D R G A
P T B X R O E A K W I V D Y N J L L
F Z X Y M I I N E Z T I R I J B I O
F T A K E T K P O S J A H S B Z S Y
O U R K R U E J E U L K A I S R T A
M C E A F B W Z W O G J A I F T E L
V Y P V S L W F H V S H J H L S N W
G M J Z L C E C Y U C C J W P Y I U
I L B V T U S X O B N Z B E G I N A
K L Z A I W B I I H N U Q F V M G Y
E C E C J R R E S B F Q R P V A E R
R R G N U A T E N V L R N T T K E I
G K N B G D R U K E H E F T U E D D
Z L F E P F Z I O C F F U I D R G S
K E R J E T Y G M S R I U V B M E U
M G T R T Z V V Y A O C C L I F T G
C O M M O N L Y F E E L F E X J I O
R C C O U R A G E O U S C T N S N O
S A W L A T V J C M C P N K C C D D
L O P I N K O X D Y K K N O T Z E D
V P Z T Q R G C O S M O S U D B G A
T D Z P T Y D J D X L T P P U L L Y
S U P R E M E O Z U R Q I C X L H D
```

ANXIETY DOES NOT EMPTY TOMORROW OF ITS SORROWS, BUT ONLY EMPTIES TODAY OF ITS STRENGTH.- CHARLES SPURGEON

- ❏ ACTUAL
- ❏ ACTUALIZE
- ❏ ANTICIPATE
- ❏ ASSIDUOUS
- ❏ AUGMENT
- ❏ CURSORY
- ❏ EMBRACE
- ❏ FRUGALITY
- ❏ HOME
- ❏ HONORABLE
- ❏ HUG
- ❏ MARVELOUS
- ❏ MORE
- ❏ OCCUR
- ❏ PRIZEWINNING
- ❏ PURE
- ❏ RECOMMENDATION
- ❏ RESTORE
- ❏ SCRUMPTIOUS
- ❏ SPARK
- ❏ TALENT
- ❏ TANTALIZING
- ❏ TENDERHEARTED
- ❏ UPLIFT

```
L D U Q M M S P A R K R H N N T G F
H T A G A X D E I Y T H J J U N N F
P O E Y R V J L G H R S F T I G X R
H P M J V S G O P S S T A Z A A E U
X G B E E A E D N L P U I S E S B G
L N R P L T U X G G X L U O N S J A
V X A J O A H R T S A O K O R I H L
Z A C X U L Y R W T I Q I U D D U I
M C E E S E I E N T B T C W R U T T
T T P A E N Z A P I A C H Q H O K Y
W U K E U T T M S D O S F Y D U C A
S A L Y G M U R N T T Y I P X S G R
O L T G N R T E F Q R K C P S I M S
A I E E C L M M L E Y V T U M F S U
F Z N S L M Y D C U R S O R Y J W P
L E W X O E Z V C L M Y R E R H N L
Y U U C T E N D E R H E A R T E D I
Z K E X R R E S T O R E B I N R M F
C R O Z E B O K S N W J J D J D T
A N T I C I P A T E X C A C T U A L
P R I Z E W I N N I N G O E I O T K
H M H O N O R A B L E S R C V L L W
G O R E J A V I X D W O Q M D U A O
Q V A U G M E N T R M L S T J I V S
```

THE MOST WASTED OF DAYS IS ONE WITHOUT LAUGHTER. – E.E. CUMMINGS

- ❏ ADMIRABLE
- ❏ AFFECTIVE
- ❏ ALONE
- ❏ ARDENT
- ❏ BLISS
- ❏ CONSERVE
- ❏ ECONOMICAL
- ❏ EXCEED
- ❏ FETCHING
- ❏ HONOR
- ❏ LEAGUE
- ❏ LUXURY
- ❏ MAGNIFY
- ❏ MOBILIZE
- ❏ NEARBY
- ❏ NICE
- ❏ OKAY
- ❏ OPENHEARTED
- ❏ RECEIVE
- ❏ SOLIDARITY
- ❏ TEMPERATE
- ❏ TIMELESS
- ❏ UNITE
- ❏ WISE

```
O M F W A Z N S Q B T V I X I E E Z
R M Q E L A X O K M A Q W Y D B I D
Y E D Q J N M L I O S M A G N I F Y
D W C O F E V I I B K F O H J N X Z
V D Q E C P X D S I E F T G S H S U
E C U I I V V A S L B Q E O Y N S X
I O N F M V O R H I M J M P X E L S
N N O O K U E I X Z E P E B X C J
E S A K P A I T C E Q T E N L C B A
C E J D A F L Y E C F T R H E E A U
O R X I M K Z R S X N T A E A E L H
N V H T Z I I J G G L W T A G D O A
O E U W K S R N B B F U E R U F N R
M G F U R X I A E M B I H T E I E V
I P N D Y H B Z B O N Y B E H G K K
C P T E C Q U F A L U C L D W V Z S
A K D T A M Q K F P E V I T X R S X
L I E D X R V Q F U S E S E L E W S
L F O K A Y B K E A L H S X L T K F
U P L U X U R Y C G R F O E U Y B G
N F U S I E T L T Y A D M N S J X K
I W Z W O Y G H I O S I E M O U C N
T J T W I S E L L V D V T I M N S R
E F P N Q Y T S E R I Z P I T S R X
```

PATIENCE AND PERSEVERANCE HAVE A MAGICAL EFFECT BEFORE WHICH DIFFICULTIES DISAPPEAR AND OBSTACLES VANISH.- JOHN QUINCY ADAMS

- ❑ AFFLUENT
- ❑ ALIGN
- ❑ BACKBONE
- ❑ BECOMING
- ❑ BUDDY
- ❑ CHUCKLE
- ❑ ENTHUSIASM
- ❑ GENEROUS
- ❑ GET ALONG WITH
- ❑ HELPFUL
- ❑ INFINITE
- ❑ INSIGHT
- ❑ INTERESTED
- ❑ KINDRED SPIRIT
- ❑ MAGNANIMOUS
- ❑ ORDER
- ❑ PROMISING
- ❑ QUADRUPLE
- ❑ QUAINT
- ❑ REFINED
- ❑ REPLENISH
- ❑ SACHET
- ❑ TEAMMATE
- ❑ TUNEFUL

```
O G I N S I G H T A Q U Q A N A S Y
H S A C H E T E U R L U P P H U F R
B E Y D E A T Q K Y E V U J O C P E
A V L E E A G R U L H R M I L G P P
G A V P M N H Z K A T H I K X Q X H
Y L H M F Q T C H I I N B G N U I L
K E A M K U U H W A A N S L M A L I
Y E A R Q H L G U N Q V T Z X D E O
T R U B C P N F G S J O O J N R P O
T Q G O P O E A I G I G W Z R U S E
V A K A L C M E N K U A C L E P B Y
U R J A D A R I T I O Q S E P L A R
U O T O L X M Z E N P P N M L E C E
G E Y T R O J T R D J U U G E V K F
G E Z O C D N M E R G F N G N X B I
D X N E R E E N S E I U H I I L O N
M T B E U Y G R T D R N C I S C N E
K N U L R I O M E S P N F Y H F E D
R E F N L O P N D P R O M I S I N G
E F G A E N U H T I B B Y Z N Y R U
A F C W E F P S W R W S Y S I I Z J
S T R I O S U Z L I G N U A R K T U
T L K B O U Y L W T Q D K O D O D E
P O R Y X P A L S J S X T B U D D Y
```

IN THE DEPTH OF WINTER I FINALLY LEARNED THAT THERE WAS IN ME AN INVINCIBLE SUMMER.- ALBERT CAMUS

- ❏ ACCOMPLISHED
- ❏ ACCORD
- ❏ APPRECIATION
- ❏ APTITUDE
- ❏ ATTEMPT
- ❏ BACKER
- ❏ BRILLIANCE
- ❏ CELEBRATED
- ❏ CONFER
- ❏ FASHIONABLE
- ❏ FIRMNESS
- ❏ JAMBOREE
- ❏ JOY
- ❏ LAUGH
- ❏ NEWFOUND
- ❏ NUTRITIOUS
- ❏ OUT OF THIS WORLD
- ❏ POLISHED
- ❏ RESTRAINED
- ❏ ROBUST
- ❏ SELECT
- ❏ SURPASS
- ❏ THERAPEUTIC
- ❏ UNIQUE

```
Z A K O Z W N U W A P T I T U D E Y
O P U O M L V F H X L A X P O R P K
R E S T R A I N E D H S Y V E Z R K
Y J I Q D T X K S D M W W F B L F S
C E L E B R A T E D A W N Y D B A C
M I F K E W H H C J T O V L H X S K
U A F I B I S W D L C H R W B X H S
A N P F R I X J A M B O R E E Y I Y
U C B P L M L W F Z W L B L T G O A
N E C O R R N Q M S C Y H C E E N C
E Z P O N E T E I N Z A E U C Y A C
W V S W M I C H S H L N N W Q B O
F U H U Y P T I E S E J A A W A L R
O A B V R F L U A S V I X B B H E D
U R K H O P Q I N T L J T Z J O Y B
N G O T G I A O S L I P Y L A U G H
D A U B N K I S H M O Y L I W U E
Y O Q U U G C R S E E B N J N F L R
X K R J N S B I T C Z D M A O P T E
G W F L D Z T T U U Y S M D P I V G
M D B F W A A C V I H X R U F C Z A
T H E R A P E U T I C R Q H G Q H U
C K P B A C K E R L R C K W I L U
G O Q N U T R I T I O U S N Z Q O Q
```

OVER EVERY MOUNTAIN THERE IS A PATH, ALTHOUGH IT MAY NOT BE SEEN FROM THE VALLEY.- THEODORE ROETHKE

- ❏ ANGEL
- ❏ APEX
- ❏ AUTOMATIC
- ❏ CHUMMY
- ❏ CONSIDERATE
- ❏ DILIGENCE
- ❏ DISCOURSE
- ❏ ELIGIBILITY
- ❏ EMOTIONAL
- ❏ EMPATHETIC
- ❏ ENERGY
- ❏ HISTORIC
- ❏ IRRESISTIBLE
- ❏ MIGHTY
- ❏ NUZZLE
- ❏ OVERFLOW
- ❏ PERFECT
- ❏ QUICK
- ❏ REACH
- ❏ SALVATION
- ❏ UNBELIEVABLE
- ❏ UNBIASED
- ❏ UNRELENTING
- ❏ WORTHY

```
E E H V C R Q S F B D U T S I C U B
U L N J Q D I S C O U R S E S O K B
H N A E D U B B W K Y H S P N N V I
D F R B R G I W I D B S D Z Z S C A
C S I E P G O C T Z C U I S U I X Q
R G D I L L C K K P I G T W D L S
O E J S F E E K U W H U O R X E Q U
D D A R Z F N I K C U N M M F R W N
W V E A R Q J T A R L B A X W A O E
G V M E P Y D E I E H E O C J T R I
O C P D E P R O G N I L K S J E T R
I H C I L V D N C I G I Y I S O H R
G U P L I B A S U Y Y E U C B A Y E
D M H I G U H A J J N V K E E U M S
S M I G I M P L N Z E A R M M N X I
T Y S E B Z E V L A N B O P O B E S
K V T N I T S A H I I L K A T I Y T
X P O C L B K T N N M E D T I A F I
G A R E I S M I G H T Y R H O S G B
G I I D T V Q O T C D M R E N E H L
H R C O Y O Y N H Z C S L T A D X E
H P N U Z Z L E S L X Y A I L E D Y
Q U A U T O M A T I C V A C P A J Y
Z K W B O Q F W N F R L H A I X W C
```

WITH THE NEW DAY COMES NEW STRENGTH AND NEW THOUGHTS.- ELEANOR ROOSEVELT

- ❑ CELESTIAL
- ❑ CHERUBIC
- ❑ COMMUNITY
- ❑ CONNECTION
- ❑ DESIGNATE
- ❑ DESIGNER
- ❑ EFFECTIVE
- ❑ ENCHANT
- ❑ FIRST-RATE
- ❑ FIX
- ❑ FLOURISHING
- ❑ GRACIOUS
- ❑ INTOXICATING
- ❑ INTREPID
- ❑ MASTER
- ❑ NOMINATE
- ❑ NOTICE
- ❑ OBTAIN
- ❑ OPERATIONAL
- ❑ ORIGINATOR
- ❑ OUTLAST
- ❑ ROUSE
- ❑ SKILLED
- ❑ SPARKLING

```
O S M A S T E R D Y R L O O G L A M
O Q K H M N T O X O X W E V O I J Y
A U J S O Z F Q T K S O F K B J K L
P Z T D K F M A J U R D I U T U D Z
T B P L D I N V O S N F R G A A Y R
O J Q E A I L I L X B L S O I E R P
P Q T K G S C L J Q I O T M N N G C
E S V I C A T A E D N U R S T C Y O
R R R C R J K O T D T R A F W H D M
A O O G E B F G G I R I T V Q A E M
T L M U R L Z V E L E S E I Z N S U
I L I Z S I E T T U P H Y N C T I N
O G L H G E A S J E I I D T I X G I
N L Q P S N G H T U D N T O G N N T
A L W K I R F A C I G G D X O W E Y
L X L M S U N I W N A V E I E B R Z
U I O S O G B S I Y H L T C V H K D
U N N R I U F L T I F C Q A U S G A
T E E S R B K I W A E W G T U U F T
B C E E W R A M X N K P B I P V R D
Q D H S A U S L N F K U N N D U K L
I C J P N H S O F R A Z Z G M I R T
E M S H V X C Z R S S U N P N I J S
E F F E C T I V E O N O T I C E L P
```

OUR GREATEST WEAKNESS LIES IN GIVING UP. THE MOST CERTAIN WAY TO SUCCEED IS ALWAYS TO TRY JUST ONE MORE TIME.-THOMAS A. EDISON

- ❑ ABRUPT
- ❑ ABSORBING
- ❑ ANGELIC
- ❑ APPLAUD
- ❑ AUTHENTICITY
- ❑ BRIGHTNESS
- ❑ BURY
- ❑ CAUSAL
- ❑ CIRCULATE
- ❑ DISCOUNT
- ❑ DOGGED
- ❑ EXQUISITE
- ❑ FORWARD
- ❑ FREELY
- ❑ HABITUAL
- ❑ LEGITIMATE
- ❑ ORGANIZE
- ❑ ORIGINAL
- ❑ RELIEF
- ❑ SAIL
- ❑ SAVE
- ❑ UNCOVER
- ❑ UNERRING
- ❑ UNWORLDLY

```
J B I F F O R W A R D C Y M F R P G
A Z L H H M C I R C U L A T E E K O
N B I Y S A V E Y F H Q K S N T B O
G T H T N G O L O D O G G E D O Y H
E L T F Y B D V R R O T M K U T T E
L P J A G L R B O E I R S F I E Y S
I O F S R K M D T S Q G G C M I S R
C H K O A U U A E F L Y I A O K F R
L V W G P A M X S I X T N N N P K E
D N A R L I Z K X I N O C A A I R L
U Y H P T F E O W E X W D B F L Z I
L V P I G B I F H I C Q N S A D V E
V A G X H U P T B L J Q U O S H G F
B E N X A S U F R S U N E R R I N G
L T P B B A B A I M A Y Y B Z A K A
C T C U I X F C G D C I S I H B G K
E Y Y R T W E U H M I L L N V R K X
F D N Y U S Z U T N T S V G X U V F
Q R R E A M I E N B M Q C M Y P Q D
B Q E I L Z J K E C C P B O A T D O
K A Q E X Y D X S Q O U T E U G Z L
K M I C L C A U S A L V Y V H N Y G
Q T S X E Y I V N R J R E Y K M T M
B R P E X Q U I S I T E Q R V Y X H
```

IT DOES NOT MATTER HOW SLOWLY YOU GO AS LONG AS YOU DO NOT STOP.- CONFUCIUS

- ❏ BEAMING
- ❏ CELEBRATION
- ❏ CORDIAL
- ❏ DIRECT
- ❏ EXCESS
- ❏ FAVORITE
- ❏ FLATTER
- ❏ FREE
- ❏ GARGANTUAN
- ❏ GLEE
- ❏ INDUSTRIOUS
- ❏ KICKSTART
- ❏ OMNIPOTENT
- ❏ PASTORAL
- ❏ RAPID
- ❏ RAY
- ❏ REDEEMER
- ❏ RIGHT
- ❏ STRIKING
- ❏ SUPPLY
- ❏ SURPASSING
- ❏ TEACHER
- ❏ UNITY
- ❏ WITHOUT DELAY

```
D I S U A L V R Q H R F J L Y O T L
E K R I U S W L Q B R V C E X M G J
R I T W B U I P W O O S P A H N R T
Z C E G X P T X Y X L U A Z I I H W
N K A R C P H C I F X U Z S F P J T
B S C N K L O H W C L W S O R O G G
N T H Y Q Y U T C W W A J I E T S A
T A E Q F X T P C O P X T C E E I R
E R R V X A D P A R Z J J T L N N G
O T S H G Q E I U S K V G D E T D A
F A A I I H L S U C T N R K Q R U N
A O Q E B T A F Z E N O V Y C G S T
V I C P V W Y F R L I E R N W B T U
O M B T F W R Y P E J K V A J U R A
R Y P E U V A N W B D D R P L Y I N
I C B Z X N Y P E R G E I E L D O I
T O D E S C I Q K A X Y E R T I U R
E R U V A T E T O T H C P M E V S X
G D J B C M R S Y I R V J X E C Y S
R I D V T F I I S O S R E D M R T R
E A N Q A M L N K N H E X J X Z K I
O L P D L Y M G G I L J D E O L X G
N C P I L J H P Y N G N W C H W M A H
I Y F Z D V E X S A E G W U A U P T
```

LET US ALWAYS MEET EACH OTHER WITH SMILE, FOR THE SMILE IS THE BEGINNING OF LOVE. -MOTHER TERESA

- ❏ BLOSSOMING
- ❏ CAUTIOUS
- ❏ HARMONY
- ❏ HEARTFELT
- ❏ IDEALISTIC
- ❏ KINDRED
- ❏ KNOWLEDGEABLE
- ❏ MATERIAL
- ❏ MEANINGFUL
- ❏ NEWBORN
- ❏ OINTMENT
- ❏ OUTREACH
- ❏ PATIENCE
- ❏ PURIFY
- ❏ REASONABLE
- ❏ REGARD
- ❏ REWARD
- ❏ RIGHTEOUS
- ❏ SAINT
- ❏ SERENITY
- ❏ TREAT
- ❏ TRIP
- ❏ WONDER
- ❏ WONDERFULLY

```
Y L S R E A S O N A B L E F W Y G H
G W R E U S U M A T E R I A L O C B
N F K N U S E R E N I T Y N S A F M
Y F H F E Y X U X Q T R L U E I Q E
O J W R D W G Z P W O R O R G M Z H
E G X K S E B O W R G E T N K K K G
E L W N H S U O D M T U I H C A C K
H N O O X Z F G R H O M H G B I E P
A B N W S T U V G N O Z K W T U L U
R F D L A P Q I O S H T M S Q N G R
M O E E R S R O S Y T B I L R V I I
O W R D M R Z O I B J L P I E Y N F
N T C G A E L M Q N A L B R G W S Y
Y H Y E M B A O P E T I T S A O V P
D A C A Z H J N D Y L M D Q R N G A
A N Q B U P Y I I T E E E C D D N T
N T R L C N U F L N R H D N S E L I
R K T E W Y R E E D G R S U T R R E
L N O G I R F V N F A F O E A F W N
E P S E U T M I L W Y I U W T U F C
K L I O R U K Y E Y T E G L R L Y E
E E C A W U V R V U Y S M Z I L J M
Y O E I N J Y E A K B L I N P Y W H
E H L A D H F C R S A I N T Q W S I
```

LIFE ISN'T ABOUT FINDING YOURSELF. LIFE IS ABOUT CREATING YOURSELF.- GEORGE BERNARD SHAW

- ❑ ABOUND
- ❑ ADVICE
- ❑ ASTUTE
- ❑ BEDAZZLE
- ❑ CAPTIVATE
- ❑ COMFORTER
- ❑ CORRECT
- ❑ ECSTATIC
- ❑ ELOQUENT
- ❑ ENTERTAINMENT
- ❑ INSPIRIT
- ❑ JUBILATION
- ❑ PACT
- ❑ RECESS
- ❑ RECORD
- ❑ SAFEGUARD
- ❑ SAVIOR
- ❑ SHREWDNESS
- ❑ TELLING
- ❑ UNEQUIVOCALLY
- ❑ UNRUFFLED
- ❑ UTOPIA
- ❑ VELVETY
- ❑ WINDFALL

```
O X W L Q G C J U B I L A T I O N Z
N K J S E K D O E C S T A T I C Q G
L C Y S F Y O U I Y H I X R U E X M
V P A W H W M N I C G K P I R A S E
H N G I T R M E H N Q M V A I Y H E
I E I N B P O Q S E S L S K C G R H
K P Z D A R N U S Q I P Q G N T E J
R R H F Q N X I A F A A I I U O W L
C E F A V I Y V V G P G L R J N D Y
A A T L G J C O I R E L C T I S N A
P F P L R Q U C O I E S N Q S T E S
T P Z E I A I A R T Q E X E V T S T
I B E D A Z Z L E R M E C Q N L S U
V T J X S B G L A N K E T E U C B T
A Z G V O A I Y I D R I U U N O J E
T I M E X S F A P M V Q O L R R U H
E D I L P H T E L I O I C M U R T K
M B L V R R P G G L L D C K F E O U
T J U E E E Q Z E U N Z F E F C P X
O X D T C E N U Y U A L Q Q L T I R
U U N Y O D Z A O C O R A E E V A N
I E E H R L P B Z N S R D R D J H Y
L O Q X D D T W R T B T Y X Q O E
P Q C O M F O R T E R D Q P D E K Q
```

ALL LIFE IS AN EXPERIMENT. THE MORE EXPERIMENTS YOU MAKE THE BETTER.- RALPH WALDO EMERSON

- ☐ ACCOLADE
- ☐ ASPIRE
- ☐ ATTENTIVE
- ☐ BRILLIANT
- ☐ DISCLOSURE
- ☐ EMPOWERING
- ☐ ENRAPTURING
- ☐ ENTICEMENT
- ☐ FINISH
- ☐ IMMEDIATE
- ☐ LORDLY
- ☐ LOVABLE
- ☐ NOTABLE
- ☐ PLACID
- ☐ REDEMPTION
- ☐ REFLECTIVE
- ☐ REQUEST
- ☐ RIGHTNESS
- ☐ SOULMATE
- ☐ SPRIGHTLY
- ☐ TWINKLE
- ☐ UPBEAT
- ☐ USEFUL
- ☐ VALIDATE

R P O Z Z U Z P L A C I D W L S P Y
E A A J A K N R Z S O F D G B Z C W
F H W R R I G H T N E S S W Y D G Z
L E T O F B R I L L I A N T V O E B
E V A L I D A T E Y B U S E B S N A
C H P V N K N O T A B L E O J I Y F
T N T F G F U K G F R W Z Y E A V P
I L P U T T C B S G P U E S R F P T
V Y E N T I C E M E N T H I E M I W
E V N I M D U P B E A T N Y D E F I
A I Y S P R I G H T L Y Q W E X S N
S F P O D G J S P D T O G W M Q M K
O A I O K D J I C S P N H P P U H L
U C M H P L U A E L I Q M C T S O E
L C M W E Z O U K R O A X Q I P J L
M O E T C M Q R U J O S V Q O Q U G
A L D I K E P T D R F J U I N F R N
T A I K R X P O X L X I C R E D E V
E D A G O A L J W L Y A N S E S U I
Y E T V R P A Y A E D S U I E J M C
T Z E N D M M X S A R P N M S B U S
Q Z E G S A T T E N T I V E H H L M
R K L O V A B L E K E R N T I Y X X
D B F R U C J B H N V E U G Z T O P

PERFECTION IS NOT ATTAINABLE, BUT IF WE CHASE PERFECTION WE CAN CATCH EXCELLENCE.- VINCE LOMBARDI

- ❑ ACCUMULATE
- ❑ ADROIT
- ❑ ADVOCATE
- ❑ AT ONCE
- ❑ BEYOND
- ❑ COMMAND
- ❑ COPE
- ❑ EMOTIVE
- ❑ EXCEPTIONAL
- ❑ FIRED UP
- ❑ FLOODED
- ❑ FOREMOST
- ❑ FRESHEN
- ❑ FRIENDLY
- ❑ INTUITIVE
- ❑ MODIFY
- ❑ NEAR
- ❑ NONCONFORMIST
- ❑ PREDOMINATE
- ❑ RARE
- ❑ RESPITE
- ❑ SUPPORTIVE
- ❑ TASTY
- ❑ WORKING

```
N R W G S W O R K I N G M A T N J B
O X D A U J X I O W B M L U C O F N
U I F Y P A V F E Q K L R K E N R E
B D I R P I C R J U Y V T V U C A H
U A R O O F A C F V B B I C T O M Y
J D E T R R D B U B S T I X Z N L T
T V D X T W C F I M O R B F M F W B
M O U A I J X H K M U X E G N O P Z
T C P O V H S W E Q E L D S M R I X
F A N E E A T O N C E E A B P M G I
R T S R L N P P T N D A P T A I Q P
E E Z T I Y C T R O T D A N E S T R
S U L O Y N S O O K Q R J G S T E E
H I Q B G O T L P F T O F G U V E D
E Z K Y M V F U O E K I M D A M S O
N Z M E C D P S I A I T E X M I V M
Z T R K E X C E P T I O N A L V A I
J O M O D I F Y B Y I W J Z M E K N
F G R F B T P U S C U V O J L V S A
V X Z Y B E O E U T R D E F G B K T
Z L E R L N E A R C O M M A N D Q E
H B Q Q R F R I E N D L Y I B D L U
B B E Y O N D U O J Q Y Z C D S Y J
O D K D B S Z N N R J S U I Q Z Q U
```

DO YOUR LITTLE BIT OF GOOD WHERE YOU ARE; IT'S THOSE LITTLE BITS OF GOOD PUT TOGETHER THAT OVERWHELM THE WORLD.- DESMOND TUTU

- ❑ ABOVEBOARD
- ❑ AMUSE
- ❑ DILIGENT
- ❑ DREAMY
- ❑ EXCELLENT
- ❑ FLEDGLING
- ❑ GUARD
- ❑ HAPPEN
- ❑ IMPROVED
- ❑ INVARIABLY
- ❑ KIND-HEARTED
- ❑ MAINSTAY
- ❑ MAJESTIC
- ❑ ORDERLY
- ❑ QUINTESSENTIAL
- ❑ RADIANT
- ❑ REGAL
- ❑ RUGGED
- ❑ SENSIBLE
- ❑ SHOW
- ❑ SIMPLE
- ❑ SMASHING
- ❑ THOROUGH
- ❑ VIBRANT

```
Y K B B A X D R E A M Y D X B F R Y
O N K I N D H E A R T E D X T I E B
T A B O V E B O A R D K I N A J G W
H P W C Z G C M Y X F M A T M W A I
Q A V M G U A R D Y K R A U U I L T
R X P L I R D N I A B N T S U N R R
U W C P L N U F O I S N T X E E K E
G X S H E F D N V Y P M B K L N Q U
G O J N K N T J M S X T A L E E V M
E Q Y O N A H M D F V G E S F L M O
D Y K R C E O C A E P C Q Q H B A Y
Z B O D V L R G S J X A U K S I I B
W D O E R N O S N E E Y I Q H G N Q
Q O M R O C U C T W L S N S O G S G
S P O L U O G Y Q B X F T J W A T M
I C X Y R Z H X A S O A E I V F A E
M F N N P I R I D N J T S X C H Y R
P W F S L T R C B J V Z S P Q I X A
L T M R P A D D I L I G E N T F C D
E R J X V V F K Y O J Q N O J X O I
N H H N A T Y I H C M K T S K T N A
J A I Y K E F L E D G L I N G F S N
Q D Q Z Z S E N S I B L E A J H Y O T
A I M P R O V E D N Z L L C J Y O J
```

IN A GENTLE WAY, YOU CAN SHAKE THE WORLD. – MAHATMA GANDHI

- ☐ BALANCED
- ☐ BELIEVABLE
- ☐ COST-EFFECTIVE
- ☐ COURAGE
- ☐ DIRECTION
- ☐ DOCUMENT
- ☐ EFFERVESCENT
- ☐ ENLIGHTENING
- ☐ FINEST
- ☐ GLOSSY
- ☐ GROW
- ☐ JUICY
- ☐ MERCY
- ☐ NUMBER ONE
- ☐ OUTWIT
- ☐ RECIPROCATE
- ☐ REGULARLY
- ☐ ROCK
- ☐ SELLABLE
- ☐ SOFTEN
- ☐ SOVEREIGN
- ☐ UMBRELLA
- ☐ VERVE
- ☐ VISUALIZE

R	R	E	G	U	L	A	R	L	Y	L	E	S	G	M	B	F	R
E	M	E	K	O	K	V	S	H	A	R	S	O	U	N	B	W	L
F	U	K	G	Q	G	J	U	I	C	Y	O	F	P	C	E	R	V
F	P	U	M	B	R	E	L	L	A	U	V	T	B	H	L	L	Q
E	B	W	S	L	L	W	J	X	K	G	E	E	Z	M	I	C	B
R	C	L	Y	E	O	N	Y	B	U	H	R	N	N	L	E	C	E
V	T	D	D	R	L	C	K	E	M	A	E	O	G	P	V	G	D
E	O	M	G	E	R	L	V	F	R	H	I	U	A	B	A	L	G
S	C	T	G	E	P	R	A	V	Z	T	G	P	D	R	B	U	S
C	O	O	M	B	E	X	T	B	C	P	N	R	U	Y	L	N	Y
E	P	T	S	V	V	S	M	E	L	Y	F	O	O	E	E	J	G
N	S	N	N	T	E	I	R	C	E	E	C	E	Y	U	Q	A	G
T	B	O	V	N	E	I	S	L	M	S	R	L	R	W	X	N	D
U	Q	S	I	R	D	F	Y	U	X	R	W	B	K	H	I	J	I
F	Y	F	O	Z	E	Z	F	N	A	M	T	B	X	N	N	S	B
R	X	O	U	T	W	I	T	E	W	L	E	Q	E	U	S	H	A
U	H	U	L	Z	W	I	K	V	C	G	I	T	V	M	G	J	L
V	O	I	D	O	C	U	M	E	N	T	H	Z	H	B	L	I	A
F	U	B	Z	N	I	U	Y	G	A	G	I	E	E	E	O	D	N
B	R	C	E	R	N	E	T	T	I	N	R	V	D	R	S	N	C
P	X	P	J	A	O	P	W	L	N	T	Z	Q	E	O	S	B	E
F	X	U	E	H	G	C	N	N	A	I	S	N	H	N	Y	C	D
V	G	L	H	H	P	E	K	A	F	L	Z	C	R	E	O	G	L
S	X	B	P	L	R	E	C	I	P	R	O	C	A	T	E	C	O

I WILL LOVE THE LIGHT FOR IT SHOWS ME THE WAY, YET I WILL ENDURE THE DARKNESS BECAUSE IT SHOWS ME THE STARS.- OG MANDINO

- ❑ AGLOW
- ❑ AMUSING
- ❑ ANOTHER
- ❑ BEFRIEND
- ❑ CONCLUDED
- ❑ COPIOUS
- ❑ EDUCATE
- ❑ FASCINATION
- ❑ FLASHY
- ❑ HIGHEST
- ❑ ICONIC
- ❑ JOLLY
- ❑ KNIGHTLY
- ❑ LEGITIMIZE
- ❑ LINK
- ❑ OPERATIC
- ❑ OPERATIVE
- ❑ PRIZE
- ❑ PRODUCTIVE
- ❑ PURELY
- ❑ REVEL
- ❑ THRILLED
- ❑ TRUSTWORTHY
- ❑ UNLOCK

```
J F T D J G A X S Y F S U N L O C K
Z L F V D X Z S T C Q J L X E R B I
I A U S R Q U Z B O D U T Q Q T J I
F S I C O N I C U P T T R U R Q N L
L H O M E M B D I B X U U X P L I
R Y T Q C K D Y L O K X S A K R I Y
C X A J M T L U C U E D T P G O N W
O E Y T P L H T C S V J W T Z D K S
N B Y F O P Q R L A F L O O L U L J
C E K J A J L U I W T R R G M C E A
L F Q X H S P V O L P E T R O T G C
U R K K M H C L Z E L U H T P I I P
D I C R G A G I I U Q E Y L E V T R
E E K F U A M F N C H X D A R E I I
D N Y N Q Z F U I A W W W A N M Z
K D E A I Q A T S L T H O T T A I E
J J H Q R G A N E I V I G K I I Z Q
A Q N X E R H R O P N L O Y V N E U
U S P H E M U T L T E G L N E W Q H
N R O P U P F O L V H N C A Q I O U
T H O O U I H B E Y B E O Y Q X Z L
N Z H R A W T R P T O Y R U A T D A
F E U X G L E E D W Z H I G H E S T
E S F C N T W I T S D R J R H I F G
```

WHEN ONE DOOR OF HAPPINESS CLOSES, ANOTHER OPENS. – HELEN KELLER

- ❑ AMIABLE
- ❑ BELONG
- ❑ BRIGHTEN
- ❑ BRIMMING
- ❑ CHARGED
- ❑ COMPLETE
- ❑ CONTEMPLATE
- ❑ ENERGIZING
- ❑ EXPECTANT
- ❑ JOURNEY
- ❑ LESSON
- ❑ MIRTH

- ❑ MOMENTOUS
- ❑ MORPH
- ❑ NATURE
- ❑ OOMPH
- ❑ OPTIMISTIC
- ❑ OUTSHINE
- ❑ PROSPER
- ❑ QUALIFY
- ❑ QUIET
- ❑ SPRINKLE
- ❑ THOUGHTFUL
- ❑ VIVID

```
J N P E B L H W F Y T L E S S O N O
H C O F Y P Q U A L I F Y V I B C D
N P A I R C H Q T Y F V Y R D V H L
A I W O Y N O Q J B X K Q O F C A T
T D M T A V B N V W G R G A U I R J
U S A J G B T R T H O N P C R K G X
R P M J K E B E Q E I U I D S I E L
E R O N W B J Z N M M T T D C L D Y
W I T O I V Z I M E S P J S U V E F
X N K W M C W I Q I R J L Y H N X D
Q K X M I P R C M Q G G Q A R I Y A
B L X P U B H I N P X I U T C N U
T E C Y X R T Y O T C X O Z J E F E
X E O N N P N L D J H J H W I W K T
X P M Y O G E H F J S W T Q U N C M
W I P Q Q B D Z R P V I V I D K G O
Q E L U T H O U G H T F U L Y A H M
M H E I O N B B A M I A B L E T L E
I K T E X P E C T A N T C T R M K N
U G E T O R J K A D F H J I E P Y T
M Z W N Y X I E W S V Q M W F R T O
C O J O R B R I G H T E N K P N J U
G C L X E R I L P R O S P E R N D S
I B I I K M K C J R O H O M F S W S
```

FROM WHAT WE GET, WE CAN MAKE A LIVING; WHAT WE GIVE, HOWEVER, MAKES A LIFE.- ARTHUR ASHE

- ❑ AUTHENTIC
- ❑ ALLY
- ❑ ARISE
- ❑ ASTONISHING
- ❑ CASTING
- ❑ COMPOSED
- ❑ COZY
- ❑ DEDICATION
- ❑ EMERGE
- ❑ ENERGIZE
- ❑ ILLUSTRIOUS
- ❑ IMMATURE
- ❑ JUDGMENT
- ❑ KNOW
- ❑ NATIONWIDE
- ❑ OPUS
- ❑ OUT-OF-THIS-WORLD
- ❑ POSSIBLE
- ❑ ROUSING
- ❑ SOCIAL
- ❑ SPIRIT
- ❑ TACTFUL
- ❑ TITILLATING
- ❑ UNEQUALED

```
C M Y C R K X W G S F G Y X N Q A X
F V C F A L L Y S V Z A Y V L R S Z
C S I J E S A J F Z I R B Q G U T C
I O E C D H E E O U Q I I N N T O S
H A Z W K N O W P H K S A G Z U N Z
Q X Z Y J T H Q U R R E N G Z H I H
L E E N I L L U S T R I O U S H S I
Y O M N T W P U Y Q T Z X L I G H V
A O W R E F H Q Y A I Y K J O D I W
G S F R A R B Z L R J O N W L F N A
N E C Y O E G L G E E M E R G E G A
A I C K Y U I I V J C F O G D N M U
T V P L L T S M Z J Z W Y F K C J T
I W Y W I E T I J E S Z K I Z N D H
O Q I T R I S D N I M O T M P E S E
N Q Q U R U E V H G D F G M L U O N
W I G I P S M T C P J N E A P C T
I V P L O G F V B H I W U T O O I I
D S N P J O O M D T Y Q H U K S A C
E M M Q T M Z T S A E Y G R H S L J
H O R U K Z C A D N O M J E T I J D
C Q O I W N C A U T U Y A J L B V P
D J U D G M E N T T A C T F U L M K
M D E D I C A T I O N T I Q S E X F
```

THE WORLD OF REALITY HAS ITS LIMITS;
THE WORLD OF IMAGINATION IS
BOUNDLESS.- JEAN-JACQUES ROUSSEAU

- ❑ ABUNDANCE
- ❑ ACCLAIM
- ❑ AWE
- ❑ CONVICTION
- ❑ DARLING
- ❑ DECADENCE
- ❑ DECISION
- ❑ DOMINANT
- ❑ ELECTRIFYING
- ❑ EMBLAZE
- ❑ EXHILARATING
- ❑ HOPE
- ❑ IMPERIAL
- ❑ NEEDED
- ❑ RATIFY
- ❑ REJOICE
- ❑ RELIABLE
- ❑ RESPECTIVELY
- ❑ SAVIOR
- ❑ SMIRK
- ❑ TANGIBLE
- ❑ UPLIFTING
- ❑ WAIVE
- ❑ WONDROUS

```
P X U Y A S A D A R L I N G K X R P
W F P U P L I F T I N G A U L O V D
A T D U X V R S X Q H Q X A I C U L
Y G E H R R E L I A B L E V Y G D V
J J C U W E X H I L A R A T I N G L
A R A X M Z T L W W P S F P C T V E
C W D V R F D O M I N A N T Y E I C
Y P E Q C O M M L N E E D E D I Q A
V S N R E S P E C T I V E L Y E E R
R A C O D E C I S I O N P C Z L K X
Q E E V D I Z W Y W I O A B B P D J
N H N I C M C V A A O V O I F C O R
T A N C O P W C B I M N G P G R E A
Y C B G N E L O Y Y V N D N C C C T
K C E R V R U T J L A E I R N C J I
V L M Z I I D G S T Y Y F A O E C F
Z A B H C A O U M U F R D X N U K Y
O I L H T L S W I I U N Q O F T S Z
Z M A A I E N A R J U S J U Y S J R
Q R Z S O T O T K B H O P E Y X T C
H L E Y N K C U A C D L L E F X G H
E P L M L E H O A E I G E H A W N I
C U H L L L Z R N R E J O I C E Q J
P V C E X C Z O K X C U R S F M C W
```

LIFE CAN ONLY BE UNDERSTOOD BACKWARDS, BUT IT MUST BE LIVED FORWARD. – SOREN KIERKEGAARD

- ❏ BLAMELESS
- ❏ CIRCUMVENT
- ❏ CONSOLATION
- ❏ CONTINUOUS
- ❏ CONVENIENCE
- ❏ ECSTASY
- ❏ EMINENTLY
- ❏ GURU
- ❏ HEIGHTEN
- ❏ INDISPUTABLE
- ❏ JUBILANT
- ❏ LEGIONS

- ❏ NICETY
- ❏ ORACLE
- ❏ PAIR
- ❏ PROGRESSIVE
- ❏ PROJECT
- ❏ PURITANICAL
- ❏ RAPPORT
- ❏ REAP
- ❏ REFUGE
- ❏ SUPERIOR
- ❏ TENACIOUS
- ❏ THANKFUL

```
P F F L T O Y P R F P H D N Q K V C
C O N S O L A T I O N Q G E L H X M
O B Y J U B I L A N T I G Y O A I Q
D P C I R C U M V E N T B H F A V A
S R K X T H A N K F U L U L F A V W
Q S O U E I N D I S P U T A B L E I
N Y R L T K E L S U P E R I O R T A
D X A U D T A R O F X Q O X L C S R
Y F C I A G E S A S X R D A D H Y T
X I L Y F S N N Z P Y V C W K P C X
X X E W H O I T A T P I M O P E I F
A T C P I X K U E C N O Y L J M S U
C A A G R P C C A I E R O U I C P
O Y E Y A O I O T J A O R T E N O G
X L L E W N G I N N G P U R H E N O
B K R C H F R R G V Z L S P N T P
B L W W H U Z C E U E F Y L A T I W
A Q A Q P E H H E S R N A V I L N E
R L U M F S I L O V S U I B R Y U H
E Q V Y E C J G B A B I Y E L F O O
F M B C B L G E H E N T W V I N V U Z
U C N B H E E V K T U H S E P C S E
G G Q X V T V S T S A J E F R Q B M E C
E E C S T A S Y S W N N A W N H G Q
```

DO NOT SPOIL WHAT YOU HAVE BY DESIRING WHAT YOU HAVE NOT; REMEMBER THAT WHAT YOU NOW HAVE WAS ONCE AMONG THE THINGS YOU ONLY HOPED FOR.- EPICURUS

- ❏ ADDITIONAL
- ❏ ALL-POWERFUL
- ❏ COMMENCEMENT
- ❏ COMPLIMENT
- ❏ CONTROLLED
- ❏ GATHER
- ❏ GENIAL
- ❏ GLEAN
- ❏ GRAND
- ❏ HAPPY
- ❏ LIBERATING
- ❏ MANEUVER
- ❏ NATIONALLY
- ❏ NICHE
- ❏ OUTLINED
- ❏ POLYCHROMATIC
- ❏ RESOUNDING
- ❏ SLEEK
- ❏ SPLASH
- ❏ SPOTLIGHT
- ❏ TRANSMUTE
- ❏ VALID
- ❏ WITTY
- ❏ WOW

```
U T Q L Z J L Q A B R M L Y N O C E
X F E X P G M A N E U V E R S O B D
A B A C W T R B L Z O U N N I U S K
L S Z G I A D S H A P P Y P P T P H
L L I Q R N V I R P X L L I D L O E
P E H A A J D Y J F W F Y H H I T S
O E X R P R E S O U N D I N G N L G
W K G P X N Y U G Q N I C H E I E
E Q G O Q V U A P R Z O B Q T D G K
R W D L B G T C T E X V V N P G H W
F W L Y C E R S Y I S F E S T O T B
U H C C D N V L M X O M N V R M R
L N O H H I X A I R E N E T J Q E H
T H N R O A O Q G C X M A H Q H J Y
R R T O X L V P N L I N E L T J T A
A D R M Q E F E F L E J J A L T Y D
N M O A N O M C P E Q A G K I Y S D
S W L T M M K M G I U F N W G D J I
M T L I O U O I L E O Z W P O X P T
U Q E C K C V L I B E R A T I N G I
T B D O V N S A W Y S P L A S H B O
E P S O R A A O L G Y T I O X R T N
V D U F U L W Y I I D B W J K Z A A
Y T E E N T S W W A D O C F R D H L
```

HOPE LIES IN DREAMS, IN IMAGINATION, AND IN THE COURAGE OF THOSE WHO DARE TO MAKE DREAMS INTO REALITY.- JONAS SALK

- ❏ BODACIOUS
- ❏ CHEERFUL
- ❏ CLEAR
- ❏ CAREFREE
- ❏ DISTINGUISHED
- ❏ EFFICIENT
- ❏ ELEVATE
- ❏ FACULTY
- ❏ GLINT
- ❏ GRATIFICATION
- ❏ GREATER
- ❏ HEALING
- ❏ IMMEDIATELY
- ❏ INDEPENDENT
- ❏ IRREPROACHABLE
- ❏ KALEIDOSCOPIC
- ❏ NOMINATED
- ❏ NORMALLY
- ❏ OUTDO
- ❏ PREFERRED
- ❏ PROTOTYPE
- ❏ TRIUMPH
- ❏ TRUTH
- ❏ ZANY

```
X P E G E D A N O M I N A T E D B U
B V T R L G Z N G N O R M A L L Y E
D Q I A E U H A P L T U I X F Y D N
A S I T V H B C E T I U G G J Y X
E P R I A I K L G M E N R Y L Y N B
X E R F T I F K D I H Y T K F H I V
J A E I E D I S T I N G U I S H E D
Z C P C B K O M P X A G T O P M H T
A W R A B I V B C Y F N O S H P S R
N W O T Q I K B T E E E H O M S O U
Y M A I H H Z L O D K Q J U T D G T
I H C O W I U R N D O T I O T X F H
N P H N Y C A E H G A R P U X I M D
J R A Q A E P D I B T C O S K I Y B
D P B F L E H I M M E D I A T E L Y
O W L C D C H E E R F U L O Q G O F
T X E N G P S T M C I Q X D U N Q F
Q Y I T U T D H E A L I N G G S X M
M F N M B J G L X P R E F E R R E D
O S X C A R E F R E E C Q V M Q L L
D K A L E I D O S C O P I C R A V D
Q P Y W P R O T O T Y P E E S R V C
Q N E F F I C I E N T W O O F P S J
L C S H I G R E A T E R Q O W A K M
```

THERE IS ONLY ONE WAY TO HAPPINESS AND THAT IS TO CEASE WORRYING ABOUT THINGS WHICH ARE BEYOND THE POWER OF OUR WILL.- EPICTETUS

- ❑ ALERTNESS
- ❑ AUTHORIZE
- ❑ AWESOME
- ❑ CLOUD
- ❑ COMMISSION
- ❑ CONFIDENCE
- ❑ DISCOVER
- ❑ DYNAMIC
- ❑ ENTHUSIASTIC
- ❑ FULFIL
- ❑ GRATIFY
- ❑ GUARDIAN
- ❑ INTENSE
- ❑ MELODIOUS
- ❑ OBSERVE
- ❑ OTHERWORLDLY
- ❑ POIGNANT
- ❑ PRESERVE
- ❑ TASTEFUL
- ❑ TOP
- ❑ TRUE
- ❑ TRUTHFUL
- ❑ UNWAVERING
- ❑ WEIGHTY

```
P Y E G I S J E V A W E I G H T Y Q
R M J K S Q J F I B J W A A C R X J
E M T R U T H F U L H W M I P G W M
S O P Z D N F U L F I L T L M I O I
E F N F O L V S A A X S F G Z K A N
R T B N H U X J Z M A P A R F T N H
V A O C H G N H U I X C C A R N N B
E S O O K B G W S W I K H T O V C A
Z T W N Y H D U A M H X M I J Q N W
M E V F U H H I A V W U S F U R S E
F F G I B T L N S H E S V Y E T I S
Z U Z D N O Y U P C I R M E D X P O
C L E E D D T B G M O G I R J M A M
M R N N Y S K H M A E V W N M E U E
X P E C Y R S O E S Q U E D G L T K
P K A E J S C W N R B O F R K O H H
O A L E R T N E S S W W Z N Y D O G
I Q Z K G K T V E F L O T N X I R U
G L H U J N A K D E J W R O E O I A
N U C B I O B S E R V E T L P U Z R
A W E L K U W I U J X W J R D S E D
N Z V L O V N O D X B M Y G U L T I
T M O S R U Q N A K O R F L Q E Y A
Z S I Z A N D A O L M P U R Q S A N
```

BE HAPPY WITH WHAT YOU HAVE AND ARE, BE GENEROUS WITH BOTH, AND YOU WON'T HAVE TO HUNT FOR HAPPINESS.- WILLIAM E. GLADSTONE

- ❑ APROPOS
- ❑ ATTAINMENT
- ❑ BEFITTING
- ❑ CAUSE
- ❑ CLEVER
- ❑ CONVENIENT
- ❑ CREATION
- ❑ DONATION
- ❑ ENTICING
- ❑ ENVIRONMENT
- ❑ FERVOR
- ❑ HONEY
- ❑ IMPEL
- ❑ INCLUSIVE
- ❑ INTEGRITY
- ❑ KINDLE
- ❑ KINGLY
- ❑ MAIN
- ❑ MASTERWORK
- ❑ NURTURING
- ❑ OPEN MIND
- ❑ OPTION
- ❑ PERKY
- ❑ USABLE

```
M D O N A T I O N N G N X T K P T T
K I N G L Y M O W P Q N V G V P A Q
C P V O Z B H O N E Y T V X O A G Y
C R E O B D X R I P N Q M Y K G I U
G K E R Z C Z C W E B A P R O P O S
P Z R A K Z A S M W F H O I A U R Y
R L L V T Y R N H U C W D C A U S E
F O K L Z I O I C C R U M U I Z Q E
E B P V E R O A O E V N E V Q L B S
R B M T I N T I N C L U S I V E E
V L D V I O X S B T E O O S M U L L
O I N V C O A V D E A A F K Z P K R
R E Y B V M N X J O C I A V S D Z M
W D C Q R B E F I T T I N G M T Y A
R Q C O N V E N I E N T U M V C S I
K G C J P I L C H V Q R Q E X U N
U A I G B E N G B O X X T G I N D I
I W E M D N N T W P M X U W W F T Q
E B M T P I I M E K Q F R E G F L C
H B J B C E I D I G G K I N D L E L
M L V I F A L F S N R X N L C M Z E
T Y T U S A B L E F D I G F O U Q V
Y N X A E H F P Z I C A T R N V Z E
E R B G P Y G L I U K Z N Y V F V R
```

WAKE UP WITH DETERMINATION. GO TO BED WITH SATISFACTION.– GEORGE HORACE LORIMER

- ❏ AGELESS
- ❏ ALMIGHTY
- ❏ ASTOUND
- ❏ ATTRACTIVE
- ❏ ENGENDER
- ❏ ENTHUSE
- ❏ EUPHORIA
- ❏ EXTRAORDINARY
- ❏ FESTIVITY
- ❏ FUNDAMENTAL
- ❏ GIFT
- ❏ GLEAM
- ❏ INTIMACY
- ❏ OCCASION
- ❏ PARTNERSHIP
- ❏ PERSPECTIVE
- ❏ PROFESSIONAL
- ❏ QUENCH
- ❏ REPUTABLE
- ❏ SELECTION
- ❏ SPIFFY
- ❏ TOP-NOTCH
- ❏ UNDERTAKE
- ❏ UPGRADE

```
K U P G R A D E Q U E N C H L T H V
K U T R I H F O O P P I I N S J J L
T S S M P R O F E S S I O N A L Y Q
R E U P H O R I A K I I P A K R L O
W G I F T X S V K H T F V L A W E K
E O M W F S I V A C P Q T N Q V W Y
J O U B E G S P E L N Z I M I Z W Z
R R U L S Q C L A E M D G T G T T A
A B E G T H E F E R R I C T Z F O D
G G N A I S P L H O T A G O Q T P R
A E F Z V H B L A U R N M H B Z N F
M J A T I A U R B T N E E T T V O G
Z N Y M T R T N T P V D P R W Y T B
L Y K U Y X R A G I I C E F S C C B
O Z P I E I S U T E B O D M R U H H U
Y E S Y X Y K C G E Q P N S T N I Y
R V M P K L E N G E N D E R J A F P
G A Q Z I P M P W T O L Q J X U K N
L F Q K S F F U N D A M E N T A L E
E Z S R X M F D A R S E N T H U S E
A Q E Q P H P Y I N T I M A C Y M V
M P O C C A S I O N M A S T O U N D
H B W A W I Z B S H Y F I O L E W S
L J B B D G N E M V G K O X K V S H
```

TO BE YOURSELF IN A WORLD THAT IS CONSTANTLY TRYING TO MAKE YOU SOMETHING ELSE IS THE GREATEST ACCOMPLISHMENT.- RALPH WALDO EMERSON

- ❏ ACTIVATE
- ❏ AMASS
- ❏ BESTOW
- ❏ BOON
- ❏ BRAVE
- ❏ CHAMPION
- ❏ CHOICE
- ❏ COLLEAGUE
- ❏ COMRADE
- ❏ DECREE
- ❏ DESTINED
- ❏ DOWRY
- ❏ ENLARGE
- ❏ FLICKER
- ❏ FULFILLMENT
- ❏ NIMBLE
- ❏ OBTAINABLE
- ❏ POLITE
- ❏ REACHABLE
- ❏ SANCTIFY
- ❏ SUCCESSFUL
- ❏ TRANSCRIPTION
- ❏ UNABASHED
- ❏ WILLING

```
L H B P O Q H C H O I C E X D O E T
C E O D X U F G L W M A J H B L Q R
U C S U C C E S S F U L I O B Y F L
D G J E N C O M R A D E N A F W D F
E R H L I B G M R D P O H L U I A B
E N U C P Q C T E E I C E G L L C G
Q J L N K J G H L T A N E D F L T N
P U W A U X S E P E C B D I I I I D
C E S B R A J I R B G R A D L N V O
R Q I U B G R G B O K A M D L G A W
R P I A L C E E T O F J A A M Z T R
Y N N T S F W A J N W Z S C E M E Y
Y U G N G F L I C K E R S O N A L G
H L A R M M N S J G I H T L T X H X
G R O A V Q A C A Y L D W L R H G N
T C Z G T L X G E J W A Y E I Z O I
Y H E B R A V E P Y K F I A P H Q M
I A D E S T I N E D I B C G D B N B
P M K D T Z I I W T F D O U R F X L
S P N Q O V P H C D U J E E M A U E
J I O B T A I N A B L E F C B M F X
R O E Y R Q A G Y J Z R S C R Y G O
N N T S Y V P L S V P J S V W B J E S Q
W B E S T O W P M Y V P O L I T E M
```

YOU ARE NEVER TOO OLD TO SET ANOTHER GOAL OR TO DREAM A NEW DREAM. - MALALA YOUSAFZAI

- ❑ AMBITIOUS
- ❑ AROUSE
- ❑ BALANCE
- ❑ CANDOR
- ❑ DIVULGE
- ❑ ENCHANTING
- ❑ ENLIVEN
- ❑ ENTHRALL
- ❑ FORMIDABLE
- ❑ GODLY
- ❑ INVIGORATE
- ❑ INVINCIBLE
- ❑ JOVIAL
- ❑ LUMINOUS
- ❑ MESMERIZE
- ❑ MIRACULOUS
- ❑ NATURAL
- ❑ NIRVANA
- ❑ OPENLY
- ❑ PAINSTAKING
- ❑ ROLLICKING
- ❑ SPLENDID
- ❑ TACT
- ❑ TOAST

```
D I V U L G E Q Q L F L W D F V Q N
F E M H A L B D K O E C T A C T B S
O J I K J K K H B E N L Q J N H H D
R B K L U F R A Z N B A L A N C E A
M E L M A J N A J C D K M F B R M M
I M C J O A R N I H R L S Z O R K B
D G Y H V T O A U A V F G D O E R I
A W Q R S D L A T N R J N K T N O T
B G I E S C L Q I T L A D A V O G I
L N R J O V I A L I C P R I O N A O
E Q V U C O C F D N C O A Y I N M U
N P Z T T D K V Z G G R L K W I E S
H X F M O K I D Z I R D A O A E S S
S V I N A F N S V T O T N P R J M A
P S N O S L G N O G S I I Y O M E U
L J V P T Z I E I N Q M E J U I R H
E W I E P L U M I N O U S P S R I Q
N Y N N R X Q A G W M Z M D E A Z Y
D Q C L M X P N A T U R A L J C E I
I T I Y Y Q M L A X X C H E U U Y E
D A B Z W E N T H R A L L Y Z L B A
L H L N I E N L I V E N K J O O N R
X A E I A D F Y C K O K N O I K U N N
O C F K Y I J L X G U F I B K S I U
```

ANSWERS KEYS

PUZZLE 01

```
B Q Y D C P T X C A F M K D U B F F
O B X S E O U P J Y F C W O Y V G E
X R W I V C M B U R G E O N W V K E
K O D N H J L P O T K E A D O R N D
N T S T G B B A L F C H A R M I N G
A O G E U W B F M A W E L L R T N E
N B R L M G E X A C A Y N R M U E
I S E T F P M P V T E O W Y H S L
O E V S N U K L B O O I N M S F P C
N T J T L O V I N G T F O C N Q T S
H H F H Y H I M N A V P P N Y N I I
O F C J K E F X V D A O C E M C M
K A Z A G B R M I N I Z M F Z O Q
D Q X B B H E J U W E E G U L D L L
P I S Y P S Y H P C T D S E K B L I
D L U P E N G O A Y E N T S W O U F
R L W R A N G F G L C S W S F U S I
E U P G A R R A W C W C C U S N I J
P M V B Z U S O O K B O P P M T O O
I I F S A N E F I V R K I D I N P
E N A T B Z P K T S D V T E V I W F Z G
T A R B C F S S P O R D A I N U F E
E T Y A D C Q S S Q Y E B H W L T X
U E F Y Y W R N R C O M M O N K H K
```

PUZZLE 02

```
O Y Y L W E X P E R T L F X F M S L
V X V R E P D C P E T J E H V J T R
D G K T L E P G M Z M Z S N F A J
C S Z V C Q C P I G N D N Y S V L G
A F U O O J O N T N G Z F Q G A N T
D B A G M O R O M A N T I C N I D V
O E L S N E T L G X J E I N U Z S T
I L B S G I I V G J L T A H A I L V
N A S R T D O B C B A T Y S V W R W
I S E E V A N O A R S N A A G Q B T
G I U A H I E N E D E B O N A I R S
X C E X X N K D T T J X F T A W N A
O E N T L S N Y L M S C P K C A G G
S S T U R U X A P A C S D C Y N M A
H F V A D A I J W G B E L O V E D C
S N P B N T N L C K X F C X J P E I
I U M Z N I O S I M M U N I T Y I O
Q F T E H Y M L K F D F D R R W G U
H I T V S I O A Q O U M L I E R W S
X O X A D J P T T H R Q B C I R M P
P W E K Y T T U W E G M A C U M E N
O C Q H V T Z B C O N S T R U C T K
```

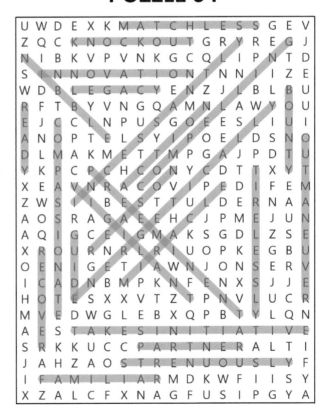

PUZZLE 03

```
U Y E M B E L L I S H K A C T I V E
F O Q B Y F S T E A D F A S T J P V
Z R J T J A U R Q R S X S E Y S O F
I W F U N R A W E H L U U X R U S W
N W G Y D T L N L A O D E C L A R E
A L T C W A T A C I T B G Y D D R F
X N B D I S U I T X M G L U T Q Z E
V W I C I T T N J F B U M N H U G A
C W E M E C E Q K L F X E D E K A T
Z P U P A I X O F L J M P Z C T Y U
S W R R C T B K U Q T R E O R J D R
J E P S J O E O C N R R L E S E M E
P I N W X X S D E W U I S G R S A X
H O U A B V N T R T S Y E B T C J
C A Q L S Y N G S J A K V H C E H H
Z C R L U O A E Y M W O H T I A I P
C T L I C V G I Y E C X K B S D E O
C J Y A W D R Z N N A G H Z D V S
H H G N G G E R U H U R M U S O E I
I Q W C Q V E Z B E E X M K Y M T
E I Y E H I M A L I M R W I K P E I
F E X L O X E C T S N D E Q N N
C D A K S B N Q J X A M N N H G T E
C Z N C O U T L O O K J Q S T E H K
```

PUZZLE 04

```
U W D E X K M A T C H L E S S G E V
Z Q C K N O C K O U T G R Y R E G J
N I B K V P V N K G C Q L I P N T D
S I N N O V A T I O N T N N I I Z E
W D B L E G A C Y E N Z J L B L B U
R F T B Y V N G Q A M N L A W Y O U
E J C C L N P U S G O E E S L I U I
A N O P T E L S Y I P O E L D S N O
D L M A K M E T T M P G A J P D T U
Y K P C P C H C O N Y C D T X V T
X E A V N R A C O V I P E D I F E M
Z W S I B E S T T U L D E R N A A
A O S R A G A E H C J P M E J U N
A Q I G C E I G M A K S G D L Z S E
X R O U R N R L R I U O P K E G B U
O E N I G E T I A W N J O N S E R R
I C A D N B M P K F E N X S J J E
H O T E S X X V T Z T P N V L U C R
M V E D W G L E B X Q P B T Y L Q N
A E S T A K E S I N I T I A T I V E
S R K K U C C P A R T N E R A L T I
J A H Z A O S T R E N U O U S L Y F
I F A M I L I A R M D K W F I I S Y
X Z A L C F X N A G F U S I P G Y A
```

PUZZLE 05

```
S R M J J X B A H W H M J C F B M P
P F M G I C L X T C S A N C T I O N
Z P B G A W Y S B Z S E G J T L T Y
A C C O M P L I S H E J G K E I W H
O K F U B P S I I R P I A V D Y U D
K E E P S A K E G T J Y E E X Q F N
O Y L K F T L A F I B D R Z L K K E
N H M V H I N T B N I C Y A X K M R
G Z B M P J I H Z W Y N S U H I M R
E A H A R V E S T B N S I E P L P I
F K C J P T Y X X A O K Z T U J P C
R O U X R L O R C L U V Z S I Q N H
E U K Q I T O U O O S F O O U A R Q
S A G M M V Q C C E O H A Z D A T V
H Q A N A Q H B L H R Y I P K K V E
B F V E W A Q A H Z I Z Z A S S Z E
O Z D T L Z P E B H I N I J O C Q C
E N G K C I M V W W M N G V D L W L
E O V M C B W F Z G R U B N U B C E
O O J N W S T R O N G H O L D X V M
O G I P K B J H K H H O A N P O J E
T R B N B B P A C H I E V E M E G N
P K S T E A M B A T H W A M G S U T
K D Y T T A E C S T A S Y H E A P Z
```

PUZZLE 06

```
P E Q L X M N U M I N O U S J E X S
Q A M E F H H L G X Q O D E W I O T
I H K N U P Q L O L Q I R E A N O U
M A K D T O B O X W B J E D Y I X N
S R C E D N O U R I S H I N G Y Q N
B M N A E B A K B Z R H Y D W J Q I
R L V R A Z I U W P W I E R H V I N
F E H I V L P G P S O A K I N G Y N
Q S C N H J G J V J K A X M Y T E C A D
N S J G C A I A S I O J O T I N N A
P E T B O U N D L E S S F L U D T
E C A I H C Z D I F S I A E E T H O Y
Q W F C A L M E I O U I O G I G U Y
U L D M N X D R L L T M L N N I S C
A N R M Z I E B V R Y U E I V A I P
L E B O F A S G A C D V D O G D A Y
I F L A E V A P X N O L R H Z E S U
T E N W G A M J I L E J V P U L T N
Y O R Q A I C X K I V S I N A I W M
B Q W E I L T P Y X V E U C K C A F
T C C F N A H N L E Q U I P O I S E
S A J K J B U P S C K S J G O O H Z
Q G F C Z L D H V Y U C U N H U V E
X L S Z C E Q L Z M A D U Z B S J N
```

PUZZLE 07

```
Y W D D S A P C O H O R T O S I Q N
B R X O S T I R B U N S E L F I S H
T F T N R R J N B V S P O T L E S S
D R W Q W E E V S T U P E N D O U S
O X A U X O S A T Q X U G E X X F Y
M O B N K L R O Z M K D M G M R J K
Y O T I S W P R U J U O V K Y E H S
A U D F B F P X A R C U J N L S J U
M T P J T P O E E R C N P A I P H F
S S A R N I B R E L E E B C O O Z L
M M A S T F S V M E E H F K H N R W
O A D A P S O D P I Q C D U P S T I
T R D V W J E O U G N A T F L I Q W
I T U V C R T H Q K J G D M B B B D Q
V T Z Y U S V U R P O S J F G L J R
A M Y S E A I A K G N L Q H Y E Z E
T C S Y E L M D Y P E N S I V E R S
I A V T W L Q A O Q B L T P V V F O
O C A M L B L I S S F U L N E S S L
N S L A I G A C C E P T A N C E Y U
A W H T R I U M P H A N T S E Z C T
L S I H F H Q L I T M M K J Z D L I
E V K B T O Q X A N A D U I X T R O
D E F N U U A F F E C T I O N O V N
```

PUZZLE 08

```
Q F P E H K Y F K I E N J O Y P P Y
B C D N F F I P R O D U C E P A R Q
U S Y L Z Q K A E G Z A O V H I W
D N Q U J C H A R I T A B L E Z C X
C S I N D I S P E N S A B L E E H F
O H Z M H V P P W W D Q C T M N Z S
G A T U B A R U X X G U N B C I J K
P K U Y J B O K W N Q K C X F T Z I
M E T E K S S E G N P A A T W H W L
D A U I D P E D W M E P X U K H L
I B B X G R E N N V C J A X J V Y F
S L N D P B R G K E F J C K N K C U
C E G I Q C O F U L S B I G B T H L
R G U Y M F U R Y U X E T R F J T L
E Q X I L C S K O N O G A U E B D Y
T I P K J P Z I I H L I T M T A N L
I O Y G R A C I O U S N E S S G U A
O W U D E A P D M B N B J D F X Z
N M M T D K J R E I L I M K T C U T
J L W U P J V O K E V N C N I Y R Z
L H A B W U E O I X C G E R I A D Z
S N Q M E T T L E N M V E Y M O Z T
N O T E W O R T H Y E Y O S M V S F
E R E N U E C Z K Y S T E A M Y E K
```

PUZZLE 09

```
P P T M Y J X T R A I N I N G X O C
Q A E N U R S N F S K O R Z T A M V
M R E F X L T M Y A I Z X Q L G T R
K L S F X M T J F I N N R U W R A L
Q A H T A E C I Z E B T E Y A J R J
O S P H E N F C P P Y R A E C H R G
G Z J G N A C V S L F O H S S Q O T
Q U J V L A D Y G R E T U I Y S E H
T I L Q J A M I E B E I R N I I O A
F Y V J U L M E N E F U B R G L U B
X C Q C L T T O W E O Z E Y P O T I
S L Y I O N O S R N S L L W O B T A
J Y F R U N Z M O O E S I O Z E E B
Z E L L R P G U P P U V E H I D R B
R X O U G B I R Q O I S F M Y I F L
Y V I N I Y P D A C S R H K D E O F
A Y E W O J C F H T J S J X N R D
P L B U H V R Y X I U B T H G T M T
R E N O P B E Z A W P L H I Z D N W
O M Y Z V H S L K J D J A U V U I S
F Y U X H S O Q T Z U A P T I I U Z
E W I C E T I N X Y Y H H C E X T I
R K G L H W Q P I Y J F G M S U Z
P R B S S U F F I C I E N T E R J S
```

PUZZLE 10

```
M R H N W T B C W Z P J D D C Q I E
P A B K E E W N N A Q B E Y R N T Z
Q N G J M L U X E S F N H I G K H D
Q I H N N E E Z X W O C B E R C Y H P
P M A D A S J V X I A P L Y A T H P
J A R R O N O E S E W B X I T H E S
D I I O M Y A A M Y T O M T N F I H
I N N R A C P W S I E X O C O U L W M
N Y B T M O E P V Y V H I L L T U
O T I Z X T S G B R Y D E N I P O L
R I K C R O U Q E F N M R N R D A
N A V U H K H T T C O W I T S O Y I
A E O H P C T M X F Q Y S D U F S
T C E T O E U Q R O O L H T C I S N
E H Z K B U W N O B L E S C C E G
M N N A T U R A L L Y D D R E I V R
A F K V U Y P S H R O K I N E E S T
S Y M P A T H E T I C V D G E N Z S
Y Y Y S H K A Y C Y B L J S I T C J
C G Y A F D G P B J I Z N W Q Q
A O T V S Y B N V C V E M O G I S I
J I M K X E J G C V R K L A E C X W
K E B O H W K M X R E G A D G B W D
```

PUZZLE 11

```
A S S E M B L E B T H R I L L I N G
M S I N C E R I T Y Z O S V V M A K
E R R L F Y K V W Z G E W R J Q K B
S A E M L J A T L S X W R N Y G T I
Z Y C I T G F O V Q E K R U O X A A
J V U J N D E L E C T R I F Y J C E
A X N P M V E Z R E B K V I L W C N
E A S I L Y I T A U B U O Q D K U S
H F B A X X F G Y H O L D W Y F R D
K B H K T E G L O N K Z A D E C A E
C N D X X E A K H R C J W Y I O C R
V P F A M E M H X I A K A P K N Y U
M I L P R J E P T X T T O F N Z G N
O N R E P S B A T S Z R E P A D O O
B R H T I Z M E E I H Y B F L I T P
B T N A U E S U W T N O F R T C C V
E L R E L O Q E N L K G U A V V A Z
D I B B S H U A D O R E D N S A E U
O K M D G T L S P T N P K T L N F
R E S T M I L K X B U E M N H I A I
Q L M Q H Y K E H O W G B E U A B F
D Y S P C H D Z F Z R W M S J N L O
A S Y L A U D A T O R Y U S Q T E M
Y K K W K B P T M Q I A P D X G S S
```

PUZZLE 12

```
W J H S T Y R M P L E N T I F U L V
N B I C R Z J L J U S T I F I E D Q
S I T O H T I P H S W K U Y G P N C
O T M N P X O P H W I N O L F B O A
L L C T J H L G S E J F A K U A T L
M E X E L U I O K G N I Z R G L A L
K I Q M V V V L O R C O D F L Q B I
C S C P E W U F A I F C M L Y M L N
L U L O R D W S F N S I I E O U Y G
O R V R I C C I I K T X M G N P L H
S E B A F F R J V G Z H P E Q O K Q
E W A R Y C S J H E U W R F W C N
N R F Y A E B N V O C Q O O U A D N
E M F S W E E I Y I L Z V H P A P A
S I L P J Z R Y F T D G E Y I I B I
S H E W I D P E R M I T M U F S S Q
P N A T T R A C T E D P E R W A O T
C V I F C N G J N Y V F N W G V Z A
J C V A B A N K A B L E T W K H O K
V H S B A L M Y O R E L I S H V R L
M R E S P E C T R E A S S U R E W X
U P S T A N D I N G U Z E O W C L S
N M T V X F G L I T T E R B T T E I
D Z M M F R V D W W R U G Y R X U U
```

PUZZLE 13

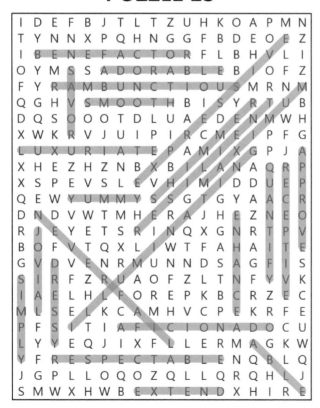

```
M V O N Y V E V H R H B Y F E L I W
X D N Q O X C M C Y G R N S W U N A
L G O O J R Z A D W P K O P C E S H
U P W O U S G U L E L P U D O L T R
F R M D D D A A O M A B I U O E R W
L E N L I B R I N T I W J A P G U M
T D L E C B T M X I E N E M E A C V
I I K S I T N U K N Z E G A R N T K
M C C R O P J D E V S E G H A C I N
P T U U U N R L W V L D O T E O E
R A L C S B Z A J V Q S U P I R N E
E B T V I G O R O U S X U T V M H U
S L I E X P E R I E N C E I E T O S
E V Q R H A X G C J I T M L L P T
N L A S L P R I S O C N O I V P T X
L H T A U O G R A N Y C K S Q O I W
V G E M D Z M I E F F R M K J M V
F M S P S T Q D X I Y E N O Y X I U
O D U L O Q K E A D V A U X S G S P
G F N E V W H S R A H S H W I T T J
G U N G A P L C H N X E Y A B J E H
S V V L L U X E G T Z W W N H N M R
Q N W R W B F N I S B L B M X F K C
I D E A L I S T W K W Q E P E C S A
```

PUZZLE 14

```
V J U S T F M D E R E C L A I M C D
S D Y K M O V Q X C L P C S Q B E Q
U U T R P V C H I P P E R J E V I H
R S X O I O X H O V Y U S T I Z N V
P Y S C W M X U Y R Y F N S L D S V
R T C I S H O W Y D K A S S P R T E
I X U U R E D U C E C A C W R E I N
S C V G N J A M Y F M Y R O A H M C
X J X X N A T I I F M E L S S G T T
S W C K Y O N I A L O D I H T T N
G K V A X G C R V B S P V W K E J O
Z W N A I A A U A E H H L Z E E R W
W B G S L L O R O V P R A I S E H K
G L T N C U A J B U S P Y Q L N F Y
U K N A P P A Q E M S L V M H C D
J W E G M J M B N A K E J O D O C X
H L N O O U L T L I V G S H Z U T H
B Q C U W B Z L K E H E P O H R F T
G N N F Y I R I P U W N S B S A P X
I K O S P L D P C T T D T B R G B B
S H G N C E H P O E I A P Y U I K U
E W Z B O E Z H U S G R T D V N J S
J T V K T E N A B L E V A P J G O W
```

PUZZLE 15

```
I D E F B J T L T Z U H K O A P M N
T Y N N X P Q H N G G F B D E O E Z
I B E N E F A C T O R F L B H V L I
O Y M S S A D O R A B L E B I O F Z
F Y R A M B U N C T I O U S M R N M
Q G H V S M O O T H B I S Y R T U B
D Q S O O O T D L U A E D E N M W H
X W K R V J U I P I R C M E I P F G
L U X U R I A T E P A M I X G P J A
X H E Z H Z N B X B I L A N A Q R P
X S P E V S L E V H I M I D D U E P
Q E W Y U M M Y S S G T G Y A A C R
D N D V W T M H E R A J H E Z N E O
R J E Y E T S R I N Q X G N R T P V
B O F V T Q X L I W T F A H A I T E
G V D V E N R M U N N D S A G F I S
S I R F Z R U A O F Z L T N F V V K
I A E L H L F O R E P K B C R Z E C
M L S E L K C A M H V C P E K R F E
P F S T I A F I C I O N A D O C U
L Y V E Q J I X F L L E R M A G K W
Y F R E S P E C T A B L E N Q B L Q
J G P L L O Q O Z Q L L L Q R Q H L J
S M W X H W B E X T E N D X H I R E
```

PUZZLE 16

```
O G S H I M M E R I N G S O M G N O
I V U M E A S U R E D Y E O W M V I
G H E C E A S E L E S S C N B N E L
P Y C G E D Q Z Y S P N U W M L I K
N R M I Y A A S S I S T R Z B O L Y
I N S T I L L F W C J D E A V N O S
M A S T E R P I E C E P K L C J O N
K D C M M K I S N T F R G J M X C M
V E B D G L C M L M A T E O S L S D
P V T M Q Q L D X W X J S H W
A E R Y V K X G E G H B F W E Z Y S
H L A R U E F R H J I P H N P N N Y
N O N H R W M X T T J N R U A G K U
V P Q U V O N L N R D E A M S Y T E
O E U G W P A O E X H T S T Z Z N C
U D I E C B J M K T U T N Y I W J
X S L W X M A C B Z E G Z H O X C
L U I V Z E E G R N V D W S Z R N L
T P T R R S O U S R Z J N L Q P H F
B E Y D X T O I E R O J S O U E E W
S R R H Y T W F A B J H P P L U S H
B B E F G R E A T E S T I K V O Y S
A F F A B L E V L Z G D R P G X A X
A Y D Z K P E R C E P T I V E W R W
```

PUZZLE 17

```
V I S I T A S V J A D V A N T A G E
J D F W E H E L A B O R A T E V R E
U G L J M I N D E B T E D E H C T F
T O N O T I C E A B L E H Q B A L A
P T I U N E Q U I V O C A L R Y D M
D U C Z K W W X I O O A O E N E A E
B I Q O Q S O P G F H X P C D F Y N
Y R S O M B F C A R E U N J H I X A
H B V T N F E P B S C P E T G H M B
V Y A L R E O P I E C O L L E C T L
U Y W M R I H R P H G W D N I B E
C H K F I F B Y T R E M E N D O U S
C F J I N H U U Z I A R R A N G E P
J G A F K W A O T N N W K F P J P
S S I H L C K W E E D G L M E M J A
P X A P P E T I Z I N G Y S R K C T
G B D O P N X A K V E L R M S U A P
I N I T I A T I V E N U Y H I D R G
M J E F A E I C B J Y C B Z S O E S
J N I D Z W Z K I Q K J V T S S H
B Q I H J D B Z A G L B C J E L S
A A F F I R M V W Y W I V J N Y U K
I A B O U N D I N G F Q T L T S N S
R T R U E L O V E I W X L Y Q Z C D
```

PUZZLE 18

```
C Z I A T A I D X O Z N P Q V Z C V
F Y K L P K F N S P E L L B O U N D
N G L S B E A R T K Q C A Q J S H Q
C U T F U Q S X E E C U B E E X H B
F S U H E M U U A S R J Q L W G A L
E V I T A L I T Y N H E E N E E Q Q
R Q Z G B E M I N E N T S H L C I Z
A P P E A L I N G Z H P O T M Y N B
X G R F G L J D J K V P Z G I V H U
B E Q U E A T H E X P O U N D N E R
B I E B Q T O L Q U X C O B Y P G S
H P C C W C L X E G E R A M B T U T
S M S C P L E A S U R A B L E B K I
P X A I N F L U E N T I A L L I T N
I I M M B O K H U K Q W W U C A B G
R I T N A K I M P A C T F U L Y J
I V C A F F I L I A T E Z S X H M O
T E A R B L X E H L S P L P Z I I R
E L B X R F R U A O R I G I N A T E
D V L T N U L U N J I T O U G H W Z
K V E V C Q H I M I T N G I L F V W
N X D X B I M M E R S E P B X F M V
G C P V B O O S T G B D Z U H G X L
P A R S Z Z F W D C L F E O T W V I
```

PUZZLE 19

```
W O U R U I R M T E A C O A A Z T J
V J U V L D A R E V I T A L I Z E S
I V T S T B E N E F I C I A L G Z X
V U L A I C E P G F P N O K Y L K T
A G D C F G W I S D O M K E I A P I
C I D R G D B F L O F T Y I E Z J F
I P W E M K J S S I F T Z M J N T L
O N C D A A X E R T V P O D D I U P
U Z C P C X B J T Y C W W T F H U
S H A A K Q G U J K E L M W T B D Q
S P E R N M A S R B M D I H S U K U
B I A O W W Q K E Y Q G S N R G T
E S T M W A S S E N T I F I H H Y W
L T Z O L C V B T M L M A S B L O P
L E B U E S K L G E E T S F U N N Y
B A T N D C I G D B N P C K M D X D
I C H T G T B H Q I G F P O W E R O
N H V S E K S K A C S T A R T U T P
D E Q M N W M M E P G T P I J A T S
I N O A P P R O V I N G S R P V H H
N V C O N S C I O U S N E S S U R E
G F P A H P R J F D T L O O S E I L
F D X F L G X I I Q E H D E L N V J
Q X I Y H U Y E U F C A S S J R E H
```

PUZZLE 20

```
S C J I M M U N E H H Q R D N Q N G
L H B P Y Y P P T B L Q E I U R I J
L E C T U Z I R R M W L J S E B A N
H R O Z G W U O Z R B I X P U I E H
X I V J U Y H M L A B H M E G A Y E
W S A I S P S E P V J A C N K I L T
G H A F G O D L C L P W G S D B C T
U U D S O W A R P G D L G E A L A I
R Q V P A P D O U H O S J P R E T D
L Q I V S T D P G T U L A B W S H I
F U S P T T N C O F C B L O J L T
Z I E Y A K I S E Q Y E A M Q P E G
B R D R R I G F D C R L L E Q T U
T K A D U J R N Z Y G S L C I D R I P
D Q J L O O J N D E I U T D C S C J
I I L W G A R P T U D N W R R I K H
H A W F X K B N N S C L G R O H T X
R I T V Y R I L N P Z E T U G N C Y
F N Y C T U W L E M O T O N Z L G K
F Q M E M O R A B L E T U P W Q H R
B U B B L Y K G F J D I C L A Q B I
P A N O R A M I C D G W H U M B F L
D V A D M A M M O T H A E G E Q B M
K Q S Y G B K J U Q B F D N P N W A
```

PUZZLE 21

```
Y A C C O M P L I S H M E N T Z P H
O G C M L Z B A J A C K P O T X K M
H I Y X P I E S T E L L A R P B J E
J M T A M E N A Q A I X X E R L J D
S D N E A P S C L T J I A R Q E R I
P O R S D A D R R O R X W T L S C T
V W E P M O L E J E U A I D U S S A
T M S L I I B K F W D S N O Z I R T
E E O E R W O D N N A I R S X N Z E
A O U N E X E R K F Q T B S F G Y B
M L R D R D Y C A L S Q O L G I U W
W K C O Q U U G K U G U C I E K X P
O D E R N H N L K C E O J X Z F D
R E D S H I E C A B D R N X X U D B
K T X I T F X G P T S V G L G G A G
T O Z I V I X U B I O D E R G K A V
J Y V C P I O J E S G R N U E C R A
Q N P S O M N B S V Y T I H L A G Z
I J E I W N T E N D E R A W S U R O
M Q O H C S S A O N O W L S A S H T
T M L B S A G T Y C S B E Y K J L X
M M B I R D L A A F I C Y N F B C Q
N A I B N T G L L N E A S C E N D D
C N I P A Q P K Y N T L P I J D J H
```

PUZZLE 22

```
B U V P L U O R G A N I C A L L Y J
U U N Y T N A H S T R I D E X F O E
H S K P Q D R D E T A C H E D Z T T
R Y H B A E B S O W V R G P V A K C
X Y U G W R C Z B E D U G Z N M L O
S Y F V Y S A O G L P R T I C C F T
A P A H H T O L I H N J C K V L T F
Z Z V A D A G M L M E S K V J R Q U
D L O E A N B O Y E A T U O C X D C
L O R Y H D P O M F L Z H A V E N T
K T T G S K L U E O H E G N G S R M
B H X E W N U R T U R E D N U U S L
B C F T G Y A F F E C T I O N A T E
T A B S O L U T E L Y H M K T T G A
Q E O Z D K W X V B S R O L S H S G
X B F Y A G S O U I O K C E T U N E
C R E D I B L E L N P N Z L Z R I N
P L T N L C D L E I N I A N H I R A
D Q Q N T A E N A U N E P O K F O G
Q A X J A B O V I A W Z L V J O S I
N N F Q M R H B M U F H K Y D R I A
L A S E N E F U N V E Z A R Z M T N
T H R U M A H G L O R I O U S U Y
O G M G A L L L A I M M O V A B L E
```

PUZZLE 23

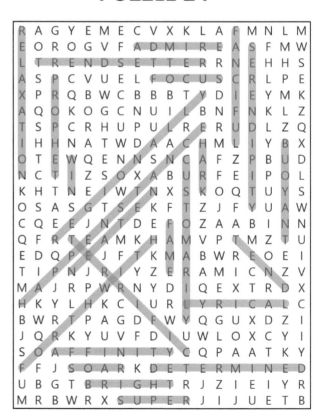

```
P M S F W M S P P R O F I T P I E I
M U M R L C R V Z I R R P T Y C C E
J E W K B A I G O A E C Q F Q W G E
K J T Z Y G T M I N G L E T A A E T
B L X H S R M J K V M M A A R F B N
T I Q R O O C V D U E B E E M E E
W A N T E D N C M C Q M S V C S L V
X F A S L T I K I G P A W R I F M G
T A F M T D A C G L N F X M L J W H
W C J T E I O T A L E U S O N L L B
T V O B A L T C O L Y L Z P D F O
A C O N L D T U I L P L Q E S T H
X E K M S Y G H T L E G Z N O O W L
F T V S L T T P I E E R M X U U V
S W A R M A A G X N A O A I Y G E R
D C F E H V I N O M K W X N M A A L
H E A V E N L Y T L R N Q D T A R J
I U Q Z X M G R Y L L R C E I Y D H
I Q R T E H T B G P V O R D K V O Z
W X W U R N W I H O I S T J P I R I
S H Y M G U O S W O B A R G A I N G
R O W D Y R D O K V V U X M J N U K
O Y G K E G Z K U O M D A W A R M
A V T E M P E R K C S V E L R N U X
```

PUZZLE 24

```
R A G Y E M E C V X K L A F M N L M
E O R O G V F A D M I R E A S F M W
L T R E N D S E T T E R R N E H H S
A S P C V U E L F O C U S C R L P E
X A P R Q B W C B B B T Y D I E Y M K
A Q O K O G C N U I L B N F N K L Z
T S P C R H U P U L R E R U D L Z Q
I H H N A T W D A A C H M L I Y B X
O T E W Q E N N S N C A F Z P B U D
N C T I Z S O X A B U R F E I P O L
K H N E I W T N X S K O Q T U Y S
O S A S G T S E K F T Z J F V U A V
C Q E E J N T D E F O Z A A B I N N
Q F R T E A M K H A M V P T M Z T U
E D Q P E J F T K M A B W R E O E I
T I P N J R I Y Z E R A M I C N Z V
M A J R P W R N Y D I Q E X T R D X
H K Y L H K C I U R L Y R I C A L C
B W R T P A G D F W Y Q G U X D Z I
J Q R K Y U V F D I U W L O X C Y I
S O A F F I N I T Y C Q P A A T K Y
F F J S O A R K D E T E R M I N E D
U B G T B R I G H T R J Z I E I Y R
M R B W R X S U P E R J I J U E T B
```

PUZZLE 25

PUZZLE 26

PUZZLE 27

PUZZLE 28

PUZZLE 29

```
Q F L B C G X O Y Z P M Z U B N G S
H Z C J B S I V J A A T M A O T L D
A E B O X E X I S T N J R I L A E O
A V O A M V P L C E L Z E U S T X O
F L C R T P G J D M W W S M T T C D
I K E F M J A N I F Y M O P E A I K
L U O A K U E S D N G T R S R I T I
U G A O R C K A S I G G T T Z N E M
N A S S S N S S I S L Y A V A Q M
I L L N W C U W C A O C E R B B N E
Q E A D Z O O I T K E N E T L L M N
G R I F I V T O A H T W N R P E N S
T U C C E Y X P N H P Q C N Y M E
W T E Y G E D C U E F Y F L F I K P
Q R O R C H P O P V R T F X Q M N Q
P A E N Z W M E Y E C A T C H I N G
Q N A C V R I Y V P Y B T E U Q P Q
E D D Y U C V X N O W L L I C T U L
O N C S G J X D D T Q M Q O O E L T
Y A C C U R A T E E L Y J R A N B L
X L J A V B M A S T O N I S H Q L O
T G P A N S O P H I C A L X U D X L
B H C E P I L L A R X F S T H B Y X
Y F M B V S X Q U I T E S X O C D N
```

PUZZLE 30

```
A D A Z P R O M I N E N T N L B Z H
L X D C T E N G R O S S I N G E A T
T Y Q N C C D M P T R A N S C E N D
R Z P W V O X G C L R O K F E Y Q U
U W N B M I M Q E E O Q I L T X V D
I G T T B V V M B Q W Y B Z N E R E
S M I N G E N I O U S A P B C D K F
T O A O I I T K E D T Q C I I I G I
I S U G O A V A C E A Q B G Z N C N
C X L G I D W V K G X T C W I T A I
Q I D L H C P R M F F S I P G S R L
N M I S S T A H P E G K P N U L I E
X Q V A X M A L I V C I L I G T N D
M I T L X Z U F C B R S R N R I G D
Y N J V U N S N T G C O V A B F A I
E U P E I H I A U E U Z E U S S O N
H X Y O U A R C R H R H A U R D R N
Z U Q W T I V P E R C E P T I O N A
Z P P T S V J O S S Y X X R W Q G B
H E A L T H Y Z Q X X S E Q O Z S I
S X L N X E Q J U A R A Y R M U F T
R E L I A N C E E P R E C I S E I A
R O E N T H R A L L I N G Y F X N N
O E G K R Z H B O N A N Z A Y G L T
```

PUZZLE 31

```
U X T A I J N O N P A R E I L N E R
K E T R N Q N F Q T R U L Y G W L F
L Z A T S X Q V V E M E R R Y Y T T
Q G H F T W G A B U N D A N T L Y Z
X O D U R L U L L P M U P S I D E A
M V H L U W V M C E A I R N S C P R
B O C H C H J V N E N E D K Q O A D
Q D K E T O N U A X N G B E A U P H
O A U K Z L C K S N T L A K S M O V
B I U K F E L T A U A T Y G R M F I
J M J V X S U M A N C M U G I A P Y
E S T S X O P V O O Y C H F U N W Y
C J F S R M X I Q C X X E A I J G B
T X B P X E T F D P K O J E W G K I
I J S R T A F F E C T I N G D M X V
V E C U S K J N M Y V M B J Z J A J
E O B N T N G L A B Y J V A H M X V
N N E S D Y A B Z B A W Q G O D H L
Z S R P S B S A L V A G E P B W D H
G R J S J X P T E N D O W M E N T S
V V A G B F I N T E L L E C T U A L
P L A M X R E S O N A N T V S B G M
C H T S L X F F N Q A H E Y F S P W
J M A R L U S A L D H Z L R D U Z I
```

PUZZLE 32

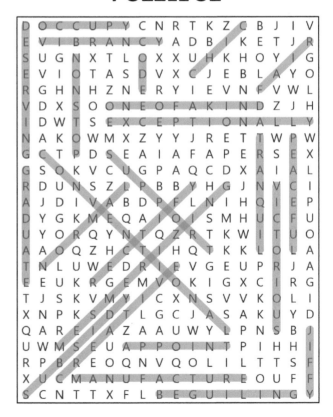

```
D O C C U P Y C N R T K Z C B J I V
E V I B R A N C Y A D B I K E T J R
S U G N X T L O X X U H K H O Y I G
E V I O T A S D V X C J E B L A Y O
R G H N H Z N E R Y I E V N F V W L
V D X S O O N E O F A K I N D Z J H
I D W T S E X C E P T I O N A L L Y
N A K O W M X Z Y Y J R E T W P W
G C T P D S E A I A F A P E R S E X
S O K V C U G P A Q C D X A I A L
R D U N S Z L P B B B Y H G J N V C I
A J D I V A B D P F L N I H Q I E P
D Y G K M E Q A I O I S M H U C F U O
U Y O R Q Y N T Q Z R T K W I T U O
A A O Q Z H C T I H Q T K K L O L A
T N L U W E D R I E V G E U P R J A
E E U K R G E M V O K I G X C I R G
T J S K V M Y I C X N S V V K O L I
X N P K S D T L G C J A S A K U Y D
Q A R E I A Z A A U W Y L P N S B J
U W M S E U A P P O I N T P I H H I
R P B R E O Q N V Q O L I L T T S F
X U C M A N U F A C T U R E O U F F
S C N T T X F L B E G U I L I N G V
```

PUZZLE 33

```
I N Y Q X I J Y B P J F E S M R M Q
N U V Y E X T R A F Y P S G R I S K
W N H L N Q Q Z Y L Z E M C D N Q M
G I Y G I I Z Q N J F X A B N Y O
Q V B P A X X I B T N Z P S U E M I
G E N F L D A Y R C C Z I K J I F K
H R Z Q E T Y O K N H T D O A J H X
Y K E R V F L F P G C T E M U O P
P A A E N F M E R I T L R B M D B R
E L C Z E Z D C J R W I S A E M E V
T S A M A Z I N G P U I Q S D O U D
X P O I I D J F Z Q K Y X T G A P O
Y I V L C K R E C S I E O I A S S B
P R A G C W U A A T M S P O L I S U
T I T U S A N B U I S A C N L S O R
T N A A X I R S O U Q F A Q I E
D U O B N V S L T E I S Q P N C T J
Q A N E G B A S Q L M T E H T O V Y
W L J A U L A Y O D W E S T R J C R
C G A T I E C P A C K R N H Y S O G
U M A A N S P L L J I E R F E L S L
F B K B E S F S O I C A I E R I U S
K J O L E E P Y U B N M T M Y C Z I
X A G E H D H K R E R M B E K E G J
```

PUZZLE 34

```
C Y Y G N J A N A M A S T E L A R I
T Y S W S F L A S H H I B R R U X N
L M N A M Z D Q L E M L M D H D C
L Q U P T E A B U N D A N T U A C Q
P G K O T I I D F A N T A S T I C P
S V I A I A S C N P Z A L W A Y S N
E P L O K V I F O V O E V M J B R I
G E G L U J U O A M F H C M Y E E P
N A C C E P T P J C E N D T X A C O
O I N V O L V I N G T L F F I U O V
N G W U I Q E V Z I K I Y I H T G Z
B D I C N U O P Q K N M O E L I N X
B R U H V C W H B Y G K V N O F I B
C Z E Z O J O D U P K I M U U V T H
C H J A P A K N H Z T I J P I H I M
F X T U T Y N I Q R E W G H C N O H
L Q G W I H F S E U A B E O C P N H
P B A E M C T S C H E L F I D T D C
J E Z R U Q S A E V D R D X D Q W X
T H C Y M A T E K F F O A K S N I T
B V S M G T V F M I L A A B O D S M
U U P R I G H T D E N R I V L J H E
L W Z A G P D I M F D G O T Q E D Y
K S E K Q R W Y Z Q Q I S H H O I V
```

PUZZLE 35

```
V U P R O M P T L Y Q K L G C O I Y
F W I Z H L A O L E Z Q Z E D R G A
P T B X R O E A K W I V D Y N J L L
F Z X Y M I N E Z T I R I J B I O
F T A K E T K P O S J A H S B Z L Y
O U R K R U E J E U L K A I S R T A
M C E A F B W Z W O G J A I F T E L
V Y P V S L W F H V S H J H L S N W
G M J Z L C E C Y U C C J W P Y I U
I L B V T U S X O B N Z B E G I N A Y
K L Z A I W B I I H N U Q F V M G Y
E C E C J R R E S B F Q R P V A E R
R R G N U A T E N V L R N T T K E I
G K N B G D R U K E H E F T U E D D
Z L F E P F Z I O C F F U I D R G S
K E R J E T Y G M S R I U V B M E U
M G T R T Z V V Y A O C L I F T G
C O M M O N L Y F E E L F E X J I O
R C O U R A G E O U S C T N S N O
S A W L A T V J C M C P N K C C D D
L O P I N K O X D Y K K N O T Z E D
V P Z T Q R G C O S M O S U D B G A
T D Z I P Y D J D X L T P P U L L Y
S U P R E M E O Z U R Q I C X L H D
```

PUZZLE 36

```
L D U Q M M S P A R K R H N N T G F
H T A G A X D E I Y T H J J U N N F
P O E Y R V J L G H R S F T I G X R
H P M J V S G O P S S T A Z A A E U
X G B E E A E D N L P U I S E S B G
L N R P L T U X G G X L U O N S J A
V X A J O A H R T S A O K O R I H L
Z A C X U L Y R W T I Q I U D U T L
M C E E S E I E N T B T C W R U T T
T T P A E N Z A P I A C H Q H O K Y
W U K E U T T M S D O S F Y D U C A
S A L Y G M U R N T T Y I P X S G R
O L T G N T E F Q R K C P S I M S
A I E E C L M M L E Y V T U M F S U
F Z N S L M Y D C U R S O R Y J W P
L E W X O E Z V C L M Y R E R H N L
Y U U C T E N D E R H E A R T E D I
Z K E X R R E S T O R E B I N R M F
C R O Z E B O K N S N W J J D J D T
A N T I C I P A T E X C A C T U A L
P R I Z E W I N N I N G O E I O T K
H M H O N O R A B L E S R C V L L W
G O R E J A V I X D W O Q M D U A O
Q V A U G M E N T R M L S T J I V S
```

PUZZLE 37

```
O M F W A Z N S Q B T V I X I E E Z
R M Q E L A X O K M A Q W Y D B I D
Y E D Q J N M L I O S M A G N I F Y
D W C O F E V I I B K F O H J N X Z
V D Q E C P X D S I E F T G S H S U
E C U I I V V A S L B Q E O Y N S X
I O N F M V O R H I M J M P X E L S
N N O O K U E I X Z E X P E B X C J
E S A K P A I T C E Q T E N L C B A
C E J D A F L V E C F T R H E E A U
O R X I M K Z R S X N T A E A E L H
N V H T Z I I J G G L W T A G D O A R
O E U W K S R N B B F U E R U F N R
M G F U R X I A E M B I H T E I E V
I P N D Y H B Z B O N Y B E H G K K
C P T E C Q U F A L U C L D W V Z S
A K D T A M Q K F P E V I T X R S X
L I E D X R V Q F U S E S E L E W S
L F O K A Y B K E A L H S X L T K F
U P L U X U R Y C G R F O E U Y B G
N F U S I E T L T Y A D M N S J X K
I W Z W O Y G H I O S I E M O U C N
T J W I S E L L V D T I M N S R D R
E F P N Q Y T S E R I Z P I T S R X
```

PUZZLE 38

```
O G I N S I G H T A Q U Q A N A S Y
H S A C H E T E U R L U P P H U F R
B E Y D E A T Q K Y E V U J O C P E
A V L E E A G R U L U H R M I L G P
G A V P M N H Z K A T H I K K X Q X H
Y L H M F Q T C H I I N B G N U I L
K E A M K U U H W A A N S L M A L I
Y E A R Q H L G U N Q V T Z X D E O
T R U B C P N E A I G I G W Z R U S E
T Q G O P O E A I G I G W Z R U S E
V A K A L C M E N K U A C L E P B Y
U R J A D A R I T I O Q S E P L A R
U O T O L X M Z E N P P N M L E C E
G E Y T R O J T R D J U U G E V K F
G E Z O C D N M E R G F N G N X B I
D X N E R E E N S E I U H I I L O N
M T B E U Y G R T D R N C I S C N E
K N U L R I O M E S P N F Y H F E D
R E F N L O P N D P R O M I S I N G
E F G A E N U H T I B B Y Z N Y R U
A F C W E F P S W R W S Y S I I Z J
S T R I O S U Z L I G N U A R K T U
T L K B O U Y L W T Q D K O D O D E
P O R Y X P A L S J S X T B U D D Y
```

PUZZLE 39

```
Z A K O Z W N U W A P T I T U D E Y
O P U O M L V F H X L A X P O R P K
R E S T R A I N E D H S Y V E Z R K
Y J I Q D T X K S D M W W F B L F S
C E L E B R A T E D A W N Y D B A C
M I F K E W H H C J T O V L H X S K
U A F I B I S W D L C H R W B X H S
A N P F R I X J A M B O R E E Y I Y
U C B P L M L W F Z W L B L T G O A
N E C O R R N Q M S C Y H C E E N C
E Z P O N E T E I N Z A E U C Y A C
W V S W M I C H S H S L N N W Q B O
F U H U Y P T I E S E J A A W A L R
O A B V R F L U A S V I X B B H E D
U R K H O P Q I N T L J T Z J O Y B
N G O T G I A O S L I P Y L A U G H
D A U B N K I S I H M O Y L I W U E
Y O Q U U G C R S E E B N J N F L R
X K R J N S B I T C Z D M A O P T E
G W F L D Z T T U U Y S M D P I V G
M D B F W A A C V I H X R U F C Z A
T H E R A P E U T I C R Q H G Q H U
C K P B A C K E R L R C K W I I L U
G O Q N U T R I T I O U S N Z Q O Q
```

PUZZLE 40

```
E E H V C R Q S F B D U T S I C U B
U L N J O D I S C O U R S E S O K B
H N A E D U B B W K Y H S P N N V I
D F R B R G I W I D B S D Z Z S C A
C S I E P G O C T Z C U I S U I X Q
R G D I L L Y C K K P I G T W D L S
O E J S F E E K U W H U O R X E Q U
D D A R Z F N I K C U N M M F R W N
W V E A R Q J T A R L B A X W A O E
G V M E P Y D E I E H E O C J T R I
O C P D E P R O G N I L K S J E T R
I H C I L V D N C I G I Y I S O H R
G U P L I B A S U Y Y E U C B A Y E
D M H I G U H A J J N V K E E U M S
S M I G I M P L N Z E A R M M N X I
T Y S E B Z E V L A N B O P O B E S
K V T N I T S A H I I L K A T I Y T
X P O C L B K T N N M E D T I A F I
G A R E I S M I G H T Y R H O S G B
G I I D T V Q O T C D M R E N E H L
H R C O Y O Y N H Z C S L T A D X E
H P N U Z Z L E S L X Y A I L E D Y
Q U A U T O M A T I C V A C P A J Y
Z K W B O Q F W N F R L H A I X W C
```

PUZZLE 41

PUZZLE 42

PUZZLE 43

PUZZLE 44

PUZZLE 45

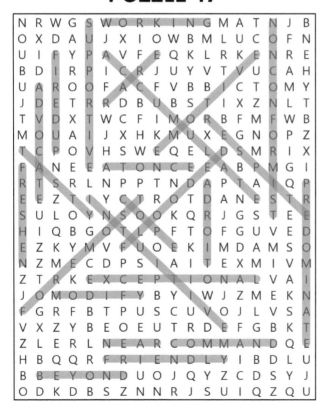

```
O X W L Q G C J U B I L A T I O N Z
N K J S E K D O E C S T A T I C Q G
L C Y S F Y O U I Y H I X R U E X M
V P A W H W M N I C G K P I R A S E
H N G I T R M E H N Q M V A I Y H E
I E I N B P O Q S E S L S K C G R H
K P Z D A R N U S Q I P Q G N T E J
R R H F Q N X I F A A I I U O W L
C E F A V I Y V V G P G L R J N D Y
A A T L G J C O I R E L C T I S N A
P F P L R Q U C O I E S N Q S T E S
T P Z E I A I A R T Q E X E V T S T
I B E D A Z Z L E R M E C Q N L S U
V T J X S B G L A N K E T E U C B T
A Z G V O A I Y I D R I U U N O J E
T I M E X S F A P M V Q O L R R U H
E D I L P H T E L I O I C M U R T K
M B L V R R P G G L L D C K F E O U
T J U E E E Q Z E U N Z F E F C P X
O X D T C E N U Y U A L Q Q L T I R
U U N Y O D Z A O C O R A E E V A N
I E E H R L P B Z N S R D R D J H Y
L O Q X D V A V T Y W B T Y X Q O E
P Q C O M F O R T E R D Q P D E K Q
```

PUZZLE 46

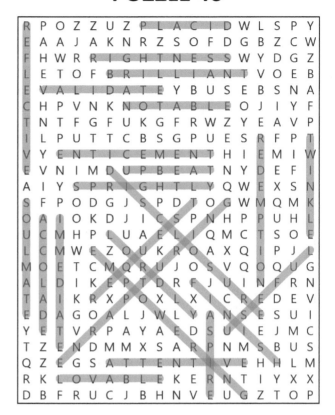

```
R P O Z Z U Z P L A C I D W L S P Y
E A A J A K N R Z S O F D G B Z C W
F H W R R I G H T N E S S W Y D G Z
L E T O F B R I L L I A N T V O E B
E C H P V N K N O T A B L E O J I Y F
I N T F G F U K G F R W Z Y E A V P
L P U T T C B S G P U E S R F P T
V Y E N T I C E M E N T H I E M I W
E V N I M D U P B E A T N Y D E F I
A I Y S P R I G H T L Y Q W E X S N
S F P O D G J S P D T O G W M Q M K
O A I O K D J I C S P N H P P U H L
L C M H P L U A E L I Q M C T S O E
M O E T C M Q R U J O S V Q O Q U G
A L D I K E P T D R F J U I N E R N
T A I K R X P O X L X I C R E D E V
E D A G O A L J W L Y A N S E S U I
Y E T V R P A Y A E D S U I E J M C
T Z E N D M M X S A R P N M S B U S
Q Z E G S A T T E N T I V E H H L M
R K L O V A B L E K E R N T I Y X X
D B F R U C J B H N V E U G Z T O P
```

PUZZLE 47

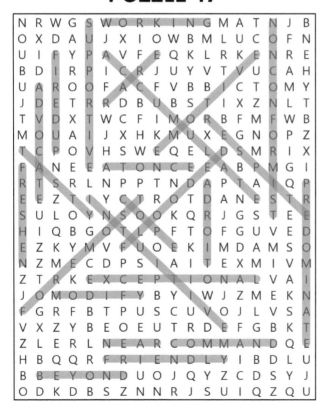

```
N R W G S W O R K I N G M A T N J B
O X D A U J X I O W B M L U C O F N
U I F Y P A V F E Q K L R K E N R E
B D I R P I C R J U Y V T V U C A H
U A R O O F A C F V B B I C T O M Y
J D E T R R D B U B S T I X Z N L
T V D X T W C F I M O R B F M F W B
M O U A I J X H K M U X E G N O P Z
T C P O V H S W E Q E L D S M R I X
F A N E E A T O N C E E A B P M G I
R T S R L N P P T N D A P T A I Q P
E E Z T I Y C T R O T D A N E S T R
S U L O Y N S O O K Q R J G S T E E
H I Q B G O T L P F T O F G U V E D
E Z K Y M V F U O E K I M D A M S O
N Z M E C D P S I A I T E X M I V M
Z T R K E X C E P T I O N A L V A I
J O M O D I F Y B Y J W J Z M E K N
F G R F B T P U S C U V O J L V S A
V X Z Y B E O E U T R D E F G B K T
Z L E R L N E A R C O M M A N D Q E
H B Q Q R F R I E N D L Y I B D L U
B B E Y O N D U O J Q Y Z C D S Y J
O D K D B S Z N N R J S U I Q Z Q U
```

PUZZLE 48

```
Y K B B A X D R E A M Y D X B F R Y
O N K I N D H E A R T E D X T I E B
T A B O V E B O A R D K I N A J G W
H P W C Z G C M Y X F M A T M W A I
Q A V M G U A R D Y K R A U U I L T
R X P L I R D N I A B N T N S U N R
U W C P L N U F O I S N T X E E K E
G X S H E F D N V Y P M B K L N Q U
G O J N K N J M S X T A L E E V M
E Q Y O N A H M D F V G E S F L M O
D Y K R C E O C A E P C Q Q H B A Y
Z B O D V L R G S J X A U K S I B
W D O E R N O S N E E Y I Q H G N Q
Q O M R O C U C T W L S N S O G S G
S P O L U O G Y Q B X F T J W A T M
I C X Y R Z H X A S O A E I V F A E
M F N N P I R I D N J T S X C H Y R
P W F S L T R C B J V Z S P Q I X A
L T M R P A D D I L I G E N T F C D
R J X K F V K Y O J J X O H
N H H N A T Y I H C M K T S K T N A
J A I Y K E F L E D G L I N G S N
Q D Q Z S E N S I B L E A J H Y O T
A I M P R O V E D N Z L L C J Y O J
```

PUZZLE 49

```
R R E G U L A R L Y L E S G M B F R
E M E K O K V S H A R S O U N B W L
F U K G Q G J U I C Y O F P C E R V
F P U M B R E L L A U V T B H L L Q
E B W S L L W J X K G E E Z M I C B
R C L Y E O N Y B U H R N N L E C E
V T D D R L C K E M A E O G P V G D
E O M G E R L V F R H I U A B A L G
S C T G E P R A V Z T G P D R B U S
C O O M B E X T B C P N R U Y L N Y
E P T S V V S M E L Y F O O E E J G
N S N N T E I R C E E C E Y U Q A G
T B O V N E L M S R L R W X N D
U Q S I R D F Y U X R W B K H I J I
F Y F O Z E Z F N A M T B X N N S B
R X O U T W I T E W L E Q E U S H A
U H U L Z W I K V C G I T V M G J L
V O I D O C U M E N T H Z H B L I A
F U B Z N I U Y G A G I E E E O D N
B R C E R N E T T I N R V D R S N C
P X P J A O P W L N T Z Q E O S B E
F X U E H G C N N A I S H N H N Y C D
V G L L H H P E K A F L Z C R E O G L
S X B P L R E C I P R O C A T E C O
```

PUZZLE 50

```
J F T D J G A X S Y F S U N L O C K
Z L F V D X Z S T C Q J L X E R B I
I A U S R Q U Z B O D U T Q Q T J I
F S I C O N I C U P T T R U R Q N L
R Y T Q C K D Y L O K X S A K R I Y
C X A J M T L U C U E D T P G O N W
O E Y T P L H T C S V J W T Z D K S
N B Y F O P Q R L A F L O O L U L J
F L Q X H S P V O L P E T R O T G C
H E K K M H C L Z E L U H T P I I P
D I C R G A G I I U Q E V L E V T R
E E K F U A M F N C H X D A R E I I
D N Y N Q Z F U I A W V W A N M Z U
K D E A I Q A T S L T H O T T A I E
J J H Q R G A N E I V I G K I I Z Q
A Q N X E R H R O P N L O Y V N E U
U S P H E M U T L T E G L N E W Q H
N R O P U P F O L V H N C A Q I O U
T H O O U I H B E V B E O Y Q X Z L
N Z H R A W T R P T O Y R U A T D A
F E U X G L E E D W Z H I G H E S T
E S F C N T W I T S D R J R H I F G
```

PUZZLE 51

```
J N P E B L H W F Y T L E S S O N O
H C O F Y P Q U A L I F Y V I B C D
N P A I R C H Q T Y F V Y R D V H L
A I W O Y N O Q J B X K Q O F C A T
T D M T A V B N V W G R G A U I R J
U S A J G B T R T H O N P C R K G X
R P M J K E B E Q E I U I D S I E L
E R O N W B J Z N M M T T D C L D Y
W I T O I V Z I M E S P J S U V E F
X N K W M C W I Q I R J Y H N X D
Q K X M I P R C M Q G G Q A R I Y A
B L X P U B H I P N P X I U T C N U
T E C Y X R T Y O T C X O Z J E F E
X E O N N P I D J H J H W I W K T
X P M Y O G E H F J S W T Q U N C M
W I P Q Q B D Z R P V I V I D K G O
Q E L U T H O U G H T F U L Y A H M
M H E I O N B B A M I A B L E T L E
I K T E X P E C T A N T C T R M K N
U G E T O R J K A D F H J I E P Y T
M Z W N Y X I E W S V Q M W F R T O
C O J O R B R I G H T E N K P N J U
G C L X E R I L P R O S P E R N D S
I B I I K M K C J R O H O M F S W S
```

PUZZLE 52

```
C M Y C R K X W G S F G Y X N Q A X
F V C F A L L Y S V Z A Y V L R S Z
C S I J E S A J F Z I R B Q G U T C
I O E C D H E E O U Q I I N N T O S
H A Z W K N O W P H K S A G Z U N Z
Q X Z Y J T H Q U R R E N G Z H I H
L E E N I L L U S T R I O U S H S I
Y O M N T W P U Y Q T Z X L I G H V
A O W R E F H Q Y A I Y K J O D I W
G S F R A R B Z L R J O N W L F N A
N E C Y O E G L G E E M E R G E G A
A I C K Y U I I V J C F O G D N M U
T V P L L T S M Z J Z W Y F K C J T
I W Y W I E T I J E S Z K I Z N D H
O Q I T R I S D N I M O T M P E S E
N Q Q U R U E V H G D F G M L U O N
W I G I P S M T C P J N E A P P C T
I V P L O G F V B H I W U T O O I L
E M M Q T M Z T S A E Y G H M S L J
H O R U K Z C A D N O M J E T I J D
C Q O I W N C A U T U Y A J L B V P
D J U D G M E N T T A C T F U L M K
M D E D I C A T I O N T I Q S E X F
```

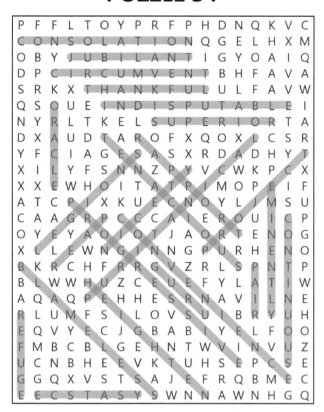

PUZZLE 53

```
P X U Y A S A D A R L I N G K X R P
W F P U P L I F T I N G A U L O V D
A T D U X V R S X Q H Q X A I C U L
Y G E H R R E L I A B L E V Y G D L
J J C U W E X H I L A R A T I N G L
A R A X M Z T L W W P S F P C T V E
C W D V R F D O M I N A N T Y E I C
Y P E Q C O M M L N E E D E D I Q A
V S N R E S P E C T I V E L Y E E R
R A C O D E C I S I O N P C Z L K X
Q E E V D I Z W Y W I O A B B P D J
N H N I C M C V A A O V O I F C O R
T A N C O P W C B I M N G P G R E A
Y C B G N E L O Y Y V N D N C C C T
K C E R V R U T J L A E I R N C J I
V L M Z I I D G S T Y Y F A O E C F
Z A B H C A O U M U F R D X N U K Y
O I L H T L S W I I U N Q O F T S Z
Z M A A I E N A R J U S J U Y S J R
Q R Z S O T O T K B H O P E Y X T C
H L E Y N K C U A C D L L E F X G H
E P L M L E H O A E I G E H A W N I
C U H L L Z R N R E J O I C E Q X J
P V C E X C Z O K X C U R S F M C W
```

PUZZLE 54

```
P F F L T O Y P R F P H D N Q K V C
C O N S O L A T I O N Q G E L H X M
O B Y J U B I L A N T I G Y O A I Q
D P C I R C U M V E N T B H F A V A
S R K X T H A N K F U L U L F A V W
Q S O U E I N D I S P U T A B L E I
N Y R L T K E L S U P E R I O R T A
D X A U D T A R O F X Q O X L C S R
Y F C I A G E S A S X R D A D H Y T
X I L Y F S N N Z P Y V C W K P C X
X X E W H O I T A T P I M O P E I F
A T C P I X K U E C N O Y L J M S U
C A A G R P C C A I E R O U I C P
O Y E Y A O I O T J A O R T E N O G
X L L E W N G I N N G P U R H E N O
B K R C H F R R G V Z R L S P N T P
B L W W H U Z C E U E F Y L A T I W
A Q A Q P E H H E S R N A V I L N E
R L U M F S I L O V S U I B R Y U H
E Q V Y E C J G B A B I Y E L F O O
F M B C B L G E H N T W V I N V U Z
U C N B H E E V K T U H S E P C S E
G G Q X V S T S A J E F R Q B M E C
E E C S T A S Y S W N N A W N H G Q
```

PUZZLE 55

```
U T Q L Z J L Q A B R M L Y N O C E
X F E X P G M A N E U V E R S O B D
A B A C W T R B L Z O U N N I U S K
L S Z G I A D S H A P P Y P P T P H
L I Q R N V I R P X L L I D L O E
P E H A A J D Y J F W F Y H H I T S
O E X R P R E S O U N D I N G N L G
W K G P X K N Y U G Q N I C H E I E
E Q G O Q V U A P R Z O B Q T D G K
R W D L B G T C T E X V V N P G H W
F W L Y C E R S Y I S F E S T O T B
U H C C D N V L M X O M P N V R M R
L N O H H I X A I R E N E T J Q E H
T H N R O A O Q G C X M A H Q H J Y
R R T O X L V P N L I N E L T J T D
A D R M Q E F E F L E J J A L T Y D
N M O A N O M C P E Q A G K V S D
S W L T M M K M G I U F N W G D J I
M T L I O U O I L E O Z W P O X P T
U Q E C K C V L I B E R A T I N G I
T B D O V N S A W Y S P L A S H B O
E P S O R A A O L G Y T I O X R T N
V D U F U L W Y I I D B W J K Z A A
Y T E E N T S W W A D O C F R D H L
```

PUZZLE 56

```
X P E G E D A N O M I N A T E D B U
B V T R L G Z N G N O R M A L L Y E
D Q I A E U H A P L T U I X F Y D N
A S I T V H B C E T I T U G G J Y X
E P R I A I K L G M E N R Y L Y N B
X E R F T I F K D I H Y T K F H I V
J A E I E D I S T I N G U I S H E D
Z C P C B K O M P X A G T O P M H T
A W R A B I V B C Y F N O S H P S R
A N W O T Q I K B T E E E H O M S O U
V M A I H H Z L O D K Q J U T D G T
I H C O W I U R N D O T I O T X F H
N P H N Y C A E H G A R P U X I M D
J R A Q A E P D I B T C O S K I Y B
D P B F L E H I M M E D I A T E L Y
O W L C D C H E E R F U L Q G O F
T X E N G P S T M C I Q X D U N Q F
Q Y I T U T D H E A L I N G G S X M
M F N M B J G L X P R E F E R R E D
O S X C A R E F R E E C Q V M Q L L
D K A L E I D O S C O P I C R A V D
Q P Y W P R O T O T Y P E E S R V C
Q N E F F I C I E N T W O O F P S J
L C S H I G R E A T E R Q O W A K M
```

PUZZLE 57

```
P Y E G I S J E V A W E I G H T Y Q
R M J K S Q J F I B J W A A C R X J
E M T R U T H F U L H W M I P G W M
S O P Z D N F U L F I L T L M I O I
E F N F O L V S A A X S F G Z K A N
R T B N H U X J Z M A P A R F T N H
V A O C H N H U I X C C A R N N B
E S O O K B G W S W I K H T O V C A
Z T W N Y H D U A M H X M J Q N W
M E V F U H H I W W U S F U R S E
F F G I B T L N S H E S V V E T I S
Z U Z D N O Y U P C I R M E D X P O
C L E E D D T B G M O G I R J M A M
M R N N Y S K H M A E V W N M E U E
X P E C Y R S O E S Q U E D G L T K
P K A E J S C W N R B O F R K O H H
O A L E R T N E S S W W Z N Y D O G
I Q Z K G K T V E F L O T N X I R U
G L H U J N A K D E J W R O E O I A
N U C B I O B S E R V E T L P U Z R
A W E L K U W I U J X W J R D S E D
N Z V L O V N O D X B M Y G U L T I
T M O S R U Q N A K O R F L Q E Y A
Z S I Z A N D A O L M P U R Q S A N
```

PUZZLE 58

```
M D O N A T I O N N G N X T K P T T
K I N G L Y M O W P Q N V G V P A Q
C P V O Z B H O N E Y T V X O A G Y
C R E O B D X R I P N Q M Y K G I U
P Z R A K Z A S M W F H O I A U R Y
R L L V T Y R N H U C W D C A U S E
F O K L Z I O I C C R U M U I Z Q E
E B P V E R O A O E V N E V Q L B S
R B M T I N K N T I N C L U S I V E
V L D V I O X S B T E O O S M U L L
O I N V C O A V D E A A F K Z P K R
R E Y B V M N X J O C I A V S D Z M
W D C Q R B E F I T T I N G M T Y A
R Q C O N V E N I E N T U M V C S I
K G C J P I L C H V Q R Q E X U N
U A I G B E N G B O X X T G I N D I
I W E M D N N T W P M X U W W F T Q
E B M T P I I M E K Q F R E G F L C
H B J B C E I D I G G K I N D L E L
M L V I F A L F S N R X N L C M Z E
T Y T U S A B L E F D I G F O U Q
Y N X A E H F P Z I C A T R N V Z E
E R B G P Y G L I U K Z N Y F V R
```

PUZZLE 59

```
K U P G R A D E Q U E N C H L T H V
K U T R I H F O O P P I I N S J J L
T S S M P R O F E S S I O N A L Y Q
R E U P H O R I A K I I P A K R L O
W G I F T X S V K H T F V L A W E K
E O M W F S I V A C P Q T N Q V W Y
J O U B E G S P E L N Z I M I Z W Z
R R U L S Q C L A E M D G T G T T A
A B E G T H E F E R R I C T Z F O D
G G N A I S P L H O T A G O Q T P R
A E F Z V H B L A U R N M H B Z N R F
M J A T I A U R B T N E E T V O C G
Z N Y M T R T N T P V D P R W Y T B
L Y K U Y X R A G I I C E F S C C B
O Z P I E I S U T E B D M R U H H U
Y E S Y X Y K C G E Q P N S T N I Y
R V M P K L E N G E N D E R J A F P
G A Q Z I P M P W T O L Q J X U K N
L F Q K S F F U N D A M E N T A L E
E Z S R X M F D A R S E N T H U S E
A Q E Q P H P Y I N T I M A C Y M V
M P O C C A S I O N M A S T O U N D
H B W A W I Z B S H Y F I O L E W S
L J B B D G N E M V G K O X K V S H
```

PUZZLE 60

```
L H B P O Q H C H O I C E X D O E T
C E O D X U F G L W M A J H B L Q R
U C S U C C E S S F U L I O B Y F L
D G J E N C O M R A D E N A F W D F
E R H L I B G M R D P O H L U I A B
E N U C P Q C T E E I C E G L L C G
Q J L N K J G H L T A N E D F L T N
P U W A U X S E P E C B D I I I I D
C E S B R A J I R B G R A D L N V O
R Q I U B G R G B O K A M D L G A W
R P I A L C E E T O F J A A M Z T R
Y N N T S F W A J N W Z S C E M E Y
Y U G N G F L I C K E R S O N A L G
H L A R M M N S J G I H T L T X N X
G R O A V Q A C A Y L D W L R H G N
T C Z G T L X G E J W A Y E I Z O I
Y H E B R A V E P Y K F I A P H Q M
I A D E S T I N E D I B C G D B N B
P M K D T Z I I W T F D O U R F X L
S P N Q O V P H C D U J E E M A U E
J I O B T A I N A B L E F C B M F X
R O E Y R Q A G Y J Z R S C R Y G O
N N T J T S Y V P J S V W B J E S Q
W B E S T O W P M Y V P O L I T E M
```

PUZZLE 61

```
D I V U L G E Q Q L F L W D F V Q N
F E M H A L B D K O E C T A C T B S
O J I K J K K H B E N L Q J N H H D
R B K L U F R A Z N B A L A N C E A
M E L M A J N A J C D K M F B R M M
I M C J O A R N I H R L S Z O R K B
D G Y H V T O A U A V F G D O E R I
A W Q R S D L A T N R J N K T N O T
B G I E S C L Q I T L A D A V O G I
L N R J O V I A L I C P R I O N A O
E Q V U C O C F D N C O A Y I N M U
N P Z T K D K V Z G R L K W I E S S
H X F M O K I D Z I R D A O A E S H
S V I N A F N S V T O T N P R J S A
P S N O S L G N O G S I I Y O M E U
L J V P T Z I E I N Q M E J U I R H
E W I E P L U M I N O U S P S R I Q
N Y N N R X Q A G W M Z M D E A Z P
D Q C L M X P N A T U R A L J C E I
I T I Y Q M L A X X C H E U U Y E
D A B Z W E N T H R A L L Y Z L B A R
L H L N I E N L I V E N K J O O N R
X A E I A D F V K O K N O I K U N N
O C F K Y I J L X G U F I B K S I U
```

Made in United States
Troutdale, OR
07/12/2023

11158319R00080